AF330986

HISTOIRE PRIMITIVE
DES PEUPLES DE LA RUSSIE

AVEC

UNE EXPOSITION COMPLETE

DE TOUTES LES NOTIONS, LOCALES, NATIONALES
ET TRADITIONELLES,

NÉCESSAIRES A L'INTELLIGENCE DU QUATRIEME LIVRE D'HÉRODOTE

PAR

LE COMTE JEAN POTOCKI.

ST. PETERSBOURG,

Imprimé à l'Académie Impériale des Sciences.

1802.

A SA MAJESTÉ

L'EMPEREUR

DE TOUTES LES RUSSIES.

SIRE

L'ouvrage dont VOTRE MAJESTÉ IMPÉRIALE daigne agréer la dédicace est le résultat de vingt ans de recherches et de voyages. Un sujet si longtems médité est pour un écrivain un titre dont il ose se vanter et qui justifie son hommage.

SIRE, VOTRE ILLUSTRE AYEULE dont le vaste génie embrassoit le présent et l'avenir sembla désirer encore que le passé fut soumis à ses loix. Non contente de régner sur quarante six peuples differents, ELLE voulut que toutes les nations qui avoient jadis traversé la Russie, pour aller renverser l'Empire Romain fussent par ELLE arrachées à l'oubli et rappellées à l'existence historique. Quelques savants en Allemagne s'excercèrent avec succès sur ce sujet difficile, et des fragments que je publiai dans l'année 1796, firent juger à la SOUVERAINE

que je pourrois réussir mieux qu'un autre à répandre du jour sur
cette branche des connoissances humaines. ELLE n'est plus, mais
Son ame et Son génie occupent encore le Thrône et Ses Augustes
intentions pour le bonheur des peuples et le bien des arts, ont
même une exécution plus réelle. — On connoit le mot d'un Athé-
nien „ce qu'il a dit je le ferai.“ — Ce mot si simple et si sublime paroît être la devise du Regne de VOTRE MAJESTE
IMPÉRIALE, j'ose donc LUI présenter le résultat d'un travail encouragé par l'immortelle CATHERINE

DE VOTRE MAJESTÉ IMPÉRIALE

Le fidèle sujet
le Comte JEAN POTOCKI.

INTRODUCTION

ET

PRINCIPES GÉNÉRAUX DE L'ART DES RECHERCHES.

Le but des recherches historiques est *la vérité dans le passé.* Leur utilité est *de nous montrer le chemin que les chofes ont fait pour ariver jusqu'à nous*, et par analogie de jeter une lumiere quelconque sur les routes conjecturales de l'avenir; car

Le passé a épuisé les combinaisons par rapport à nous, comme nous achevons de les épuiser par rapport à la posterité.

La connoissance de ces combinaisons est précisément ce que l'on appelle l'*expérience.* L'homme qui a de l'expérience a vu lui même ces combinaisons et il en a tiré parti. Si l'on veut tirer le même parti de l'histoire, il faut la connoître de maniere, à ce que l'on aye pour ainsi dire assisté à chaque époque, et cette étude exacte et minutieuse est précisément ce que l'on appelle une recherche historique.

2. La connoissance du passé se compose en partie de verités incontestables. Telles que celle-ci, Alexandre a conquis la Perse — et les recherches hiftoriques agrandissent *indéfiniment* le cercle des vérités historiques incontestables.

Cependant l'on a dit et l'on a répété, que l'histoire etoit une fable convenue. — Je ne suis pas sur que ce mot ait un sens. S'il en a un, il veut dire apparement, que l'histoire se compose de notions moins certaines les unes que les autres — mais alors il pourroit s'appliquer également à la Phisique, à la Chymie et même à quelques parties de la Géometrie transcendante.

3. Des recherches sur les peuples et les langues n'ont pas une utilité aussi directe que des recherches sur l'agriculture, les arts etc. cependant c'est une étude dans la quelle on peut porter des vues très philofophiques, p. e. il eft beau d'observer comment un peuple manifeste déjà un caractere au moment où on le voit paroître dans l'histoire, comment la civilisation modifie ce caractère et comment ensuite tous les evenements de l'histoire de ce peuple ne sont plus que des resultats de son caractère, combiné avec les circonstantes. — De pareilles observations se presentent à chaque pas dans les recherches historiques, comme dans l'étude des autres sciences, qui toutes offrent de grands sujets à philosopher indépendants de leurs objets particuliers respectifs.

4. Les questions historiques se décident sur des témoignages directs, absolument comme les procès criminels sont décidés sur les dépositions, et cela par la raison toute simple que dans l'un et l'autre cas il s'agit de faits.

Il y a des témoignages tellement évidents, qu'ils n'ont point besoin d'être appuyés par des preuves historiques. Par exemple : Cassiodore nous a conservé une lettre de Theodoric Roi des Ostrogots, à un Roi des Hérules. Cette lettre finit ainsi: „Nos Ambassadeurs vous expliqueront le contenu de cette lettre et y ajouteront plusieurs autres choses dans notre langue maternelle ,. — Il est clair que si la lettre n'est pas suppoée, les Hérules et les Ostrogots doivent être de la même race.

L'homogénéité de deux races se prouve quelque fois par une veritable équation; par exemple: on peut dire les Gépides sont de la même race que les Goths, les Goths sont de la même race que les Hérules. Donc les Gépides sont de la même race que les Hérules.

D'où il résulte que si l'on connoit un seul peuple d'une grande race, on connoit la race entiere. P. e. Jornandes dit: „Les Scires, les Satageaires, et les autres Alains. — Il est clair que si l'on connoit les Scires, ou les Satagéaires, l'on a une idée de toute la race des Alains. — Enfin la science des races humaines n'est proprement que le resultat de toutes ces équations partielles.

Mais observez qu'un témoignage négatif a souvent une force presque égale à un positif, p. e. Strabon très curieux d'origines, recherche minutieusement tous les peuples d'origine Thracienne. Il n'y comprend point les Bastarnes, au contraire il en fait des Germains. — On peut en conclure, que ni les Germains ni les Bastarnes n'étoient des Thraces. — Cependant un pareil témoignage négatif a toujours besoin d'être appuyé.

5. Plusieurs savants ont cru pouvoir suppléer aux témoignages directs, en rassemblant beaucoup de sémi-preuves. Cependant comme il seroit contraire a la justice de condamner un accusé sur des présomptions, il seroit également contraire a la saine logique de décider une question de fait sur des sémi-preuves. — Dans des cas pareils la logique doit comme la justice, ordonner *un plus amplement informé*, mais l'une recueuille soigneusement les présomptions, et l'autre les sémi-preuves comme pouvant guider vers la vérité.

6. Les Etymologies ne méritent même pas le noms de sémi-preuves, cependant il faut aussi les recueillir parce qu'elles ajoûtent beaucoup à la force des preuves; p. e. je sais dé-

-jà que Thadmor est la même ville que les Romains ont appellé Palmire; j'ouvre mon dictionnaire Hebreu, j'y trouve que Thadmor veut dire un palmier et je me confirme dans mon opinion.

Diodore de Sicile dit que Semiramis avoit ses jardins au mont *Baghistan* et si aujourd'hui l'on vouloit dire en Persan moderne *une contrée de jardins*, on ne diroit pas autrement que Baghistan. De pareils exemples se presentent en foule et l'on ne doit jamais les négliger.

Il est également clair que la nomenclature géographique mérite beaucoup d'attention; p. e. Si je trouvois dans une contrée d'Amérique des lieux appellés Meaubourg, Grand prez, Longueville, je ne pourrois pas me dispenser d'observer que ces noms sont Français. Ainsi lorsque je vois dans le Meklenbourg, des villages appellés Krakow, Brody, Niemirow, je ne puis douter que ces mots ne leurs ayent été donnés par des Slaves, de plus: -

Les Grecs ont designé beaucoup de peuples par des surnoms tels que *Galactophages* vivant de lait, *Hipomolgues*, qui ont la coutume de traire les juments. — Il est clair qu'ils faut traduire tous ses noms.

7. Presque tous les anciens mots Persans, Egyptiens, Chaldéens, rapportés par les auteurs, se retrouvent dans les langues modernes respectives. Mais si quelqu'un ne s'y trouve pas, il ne faut en rien conclure contre l'homogénéité des races, puisque les dialectes les plus rapprochés diffèrent en quelques mots.

8. Si un tel mot ou bien un nom propre n'est rapporté que par un seul auteur et une seule fois, l'on doit s'en défier parce qu'il peut avoir été altéré par les copistes. Par

exemple Hérodote parle de deux peuples voisins, qu'il appelle Thyssagètes et Yurks. Pline et Méla qui l'ont suivi dans ce passage écrivent tous les deux Thyssagètes et Turcs. Il semble que l'on doive adopter leur leçon, et croire qu'ils ont eu Hérodote plus pur que nous ne l'avons.

Hors l'évidence il faut bien se garder de toucher aux Textes, parceque l'on finiroit par y lire tout ce que l'on voudroit; mais lorsque l'évidence y est il faut y toucher. Nous ne devons la pureté actuelle des anciens, qu'aux travaux des Saumaise, Hardouin, Gronovius, etc.

9. La confiance en un livre ancien ne s'etend pas également sur toutes ses parties, p. e. Je crois que Moyse est l'auteur des loix contenues dans le Deuteronome, et voici pourquoi je le crois. Plusieurs de ces loix n'ont de rapport qu'avec la vie nomade. Les Juifs n'ont jamais été nomades dépuis Moyse, donc ces loix ne peuvent être que de lui: à moins qu'elles n'eussent été interpolées par quelque habile faussaire pour donner plus d'authenticité à l'ouvrage. Mais les interpolations que l'on trouve dans la Bible sont toutes maladroites et évidentes, donc la loi Mosaïque est de Moyse lui même, ce qui étoit à démontrer.

D'un autre coté je dis qu'il y a dans les livres de Moyse des choses qui ne sont pas de lui et voici comment je le prouve. On lit dans la Génese la phrase suivante: „Et ce sont là les Rois qui ont régné sur Edom avant qu'il y eut des Rois dans Israël. — Il n'y a eu de Rois chez les Israëlites que long tems après Moyse. Donc cette phrase n'est point de lui, ce qui étoit à démontrer.

Lorsqu'il est prouvé que tout un ouvrage est de la même main, la confiance ne s'étend qu'aux choses que l'auteur a vu ou dont il a pu être informé, et c'est encore·là le cas du juge et des témoins, avec la différence, que le juge doit au préalable s'informer du caractère et des passions de chaque témoin, au lieu que les passions d'un auteur percent immanquablement dans un ouvrage de longue haleine.

10. Le mot *origine* ne peut s'appliquer qu'à un peuple nouveau détaché d'une race ancienne, ou produit par le mélange de deux autres peuples, par exemple on peut dire que les Gaulois étoient d'une origine Celtique, mais on ne peut pas remonter à l'origine de la grande race Celtique. On ne peut remonter qu'à la plus ancienne mention historique.

Non seulement l'histoire ne nous enseigne point la naissance des nations, mais elle nous a dérobé l'enfance de quelques unes. Nous n'avons point d'idée de l'Egypte dans l'état sauvage. Bérose dit que Babylone existoit avant son déluge partiel, et l'on trouve dans la Génese qu'il y a eu des villes avant le deluge universel. Il est clair que l'on ne retrouvera jamais l'origine des institutions humaines, qui remontent à ces tems anti historiques, on n'arivera que jusques à la plus ancienne mention.

11. Les racines des langues nous ont conduit à la connoisnoissance des grandes races humaines. — Par exemple: Toutes les langues de l'Europe ont beaucoup de rapports entre elles; cela se prouve par les ouvrages des Etymologistes, qui les ont toutes fait descendre les unes des autres et toujours avec un égal succés. Il y a en Asie une grande race de langues Indo-Médiques, qui ont entre elles des rapports semblables. Et cette grande race Indo-Medique a dans ses racines des rapports évidents avec la grande race Européenne. Ce qui vient à l'appui du dixième

chapitre de la Génese où l'on trouve Madai parmi les races Japhétiques.

J'appelle racines tous les mots qui ne sont ni dérivés ni composés. S'ils sont dérivés ils ne peuvent plus servir à la comparaison. Par exemple: les Latins ont dérivé leur mot *Animal* de *Anima*, les Grecs leur mots *Zoon* de *Zoe* qui veut dire la vie.

Observez que pour la connoissance des races, l'étude des langues s'élance au delà des tems historiques, mais que pour les peuples nouveaux, elle doit être subordonnée à l'histoire, parceque les peuples ont pris les langues les uns des autres. — P. e. Les Tartares de Lithuanie ont conservé leurs petits yeux et leur religion; mais ils ont oublié leur langue et ne parlent plus que le Polonois.

12. Souvent le véritable nom d'un peuple tombe en désuétude chez lui même, et se conserve chez ses voisins. P. e. les Turcs ont gardé les véritables noms de plusieurs peuples d'Europe, ils appellent les Hollandois *Filemenk*, les Polonois *Lech*, les Hongrois *Madjar*, la langue Grecque litterale *Yunnan*, c'eft-à-dire Jonien.

Or le dixiéme chapitre de la Génèse, ne contient autre chose que les noms des peuples en usage dans l'orient; aussi Flavien Joseph n'entre-t-il à cet égard ni dans des preuves ni dans des Etymologies. Il dit tout simplement: Les Riphat sont ceux que vous appellez Paphlagoniens. Les Gomerites, ceux que vous appellez Galates, et il dit juste, ainsi que l'on s'en est assuré. — Tous ces noms que les étrangers donnent à un peuple doivent être soigneusement recueillis.

13. Le grand nombre de mauvais ouvrages que nous avons sur les origines, prouve assez la difficulté qu'il y a d'en faire un bon — leurs auteurs n'ont pas manqué de patience dans les recherches; mais de justesse dans les résultats qui exigent la logique la plus austère.

L'esprit de systême pris dans un sens défavorable, con-consiste à vouloir expliquer beaucoup, d'après un nombre de faits qui ne suffit pas à l'explication. — Un historien atteint de ce travers, ne reconnoit plus ni la teneur, ni la valeur de chaque témoignage, c'est un juge passionné ou prévenu, qui, sur les mêmes dépositions vote tout autrement que le reste de la chambre. Si cet historien se trouve à portée d'une grande Bibliothèque il se perd tout-à-fait; Car ayant sous sa main toutes les sources historiques, il les verse à plein sceaux dans les filtres d'un *criterium faussé* qui n'en laisse passer que les parties homogênes au systeme. Aussi les savants qui voyagent, sont-ils moins sujets à cette maladie de l'esprit, ils font forcés à plus de méditation, et la vue des lieux et des choses les ramene sans cesse à la vérité par des impressions immédiates sur les sens. — Cette observation peut s'appliquer au Géologues aussi bien qu'aux historiens.

Observez que les auteurs systématiques ont tous fait quelque découverte, dont ils ont ensuite trop étendu les conséquences. Delà vient que chaque système présente au prémier coup d'oeil un grand nombre de vérités qui se perdent ensuite dans les fausses applications. Par ex. Court de Gébelin avoit réellement découvert l'affinité que les langues Européennes ont entre elles, et avec quelques langues de l'Asie, puis il a voulu étendre cette ressemblance à toutes les langues du monde.

14. La Science des recherches, finie de sa nature, est cependant infinie par rapport à nos forces et au tems que chaque individu y peut employer. En effet toute la connoissance de l'antiquité est renfermée dans un nombre déterminé d'auteurs auxquels il faut nécessairement joindre les écrivains du moyen âge, qui ont eu sous les yeux beaucoup d'ouvrages que nous n'avons plus. Et le tout ensemble ne va pas à plus de cent volumes in-fol. Je n'examinerai point, s'il est possible qu'un homme puisse acquerir une connoissance intime et parfaite du contenu de ces cent volumes; le fait est, que la chose n'eft encore jamais arrivée, et que les meilleurs ouvrages que nous avons sur l'antiquité laissent encore beaucoup à désirer. La grande difficulté vient de ce que l'étude d'un objet, entraine celle de mille autres. Ainsi l'on ne peut rechercher l'histoire primitive d'un peuple, sans rechercher en même tems celle de tous les autres. L'on ne peut étudier l'histoire d'un art; si l'on n'embrasse en même tems celle de tous les arts qui en dépendent; en un mot chaque objet particulier, nécessite la connoissance générale de toute l'antiquité, cette connoissance intime est aussi indispensable pour le plus petit ouvrage que pour le plus grand, si on ne l'a pas, il ne faut pas écrire sur les antiquités, et si on l'a, on ne peut écrire qu'un seul ouvrage. La durée de l'homme ne comporte rien au delà. Tout au plus quelques développements du même sujet.

15. Chercher les origines, est un vain mot inventé par la vanité des humains, qui ont toujours à la bouche *je sais* ou *je veux savoir*. Mais dans le passé ils n'arrivent qu'à la première mention historique. — Et comment des notions si reculées seroient elles parvenues jusques à nous? Si les

livres nous étoient parvenus pourrions nous les lire? Nous ne comprenons plus le serment des fils de Charlemagne, que l'un prononça en François et l'autre en Allemand. Du tems de Ciceron l'on ne comprenoit plus les loix de Numa. Les monuments sont encore moins durables, ce ne sont proprement que des carrieres magnifiques où les générations suivantes, vont à plaisir chercher des matériaux pour de nouvelles constructions.

Nous entrevoyons bien, les choses anciennes qui ont donné lieu à l'ordre actuel; mais cet ordre encore plus ancien, qui a produit les choses anciennes, nous n'en n'avons aucune idée. Nous savons bien que l'Allemand, le Slave et le Latin sont des dialectes Celtiques, mais la langue Celtique, nous ne saurons jamais d'où elle vient.

Les origines sont donc du nombre de ces choses que nous ne devions pas savoir; mais la prémiere mention historique est un terme abordable. Tout esprit laborieux y peut atteindre et alors il aura touché une des bornes de l'esprit humain.

HISTOIRE PRIMITIVE
DES PEUPLES DE LA RUSSIE.

CHAPITRE 1.

Notions préliminaires.

Le présent ouvrage est le résultat de vingt ans de recherches et de voyages. Il est le complément de tout ce que j'avois fait paroître jusques à présent sous les titres d'essais, fragments, Peryple, etc. etc.

Il m'a paru nécessaire de procéder ici comme je l'ai toujours fait, du connu à l'inconnu. C'est-à-dire: de ce qui est à ce qui a été. Je commencerai donc par l'énumération de tous les peuples actuellement existants dans l'Europe et l'Asie; et comme dans l'étude de toutes les sciences, l'on a senti l'avantage de classer, je me conformerai à cet usage, sans m'arrêter à le justifier.

1. Classe, Orientale ou Sémitique.

Je comprens dans la classe orientale, les peuples chez qui la pluralité ou majorité des dix premieres dénominations numériques, a une ressemblance marquée avec les numériques Arabes.

1. *Oached*, 2. *Tneïn*, 3. *Tlatu*, 4. *Arba*, 5. *Hamsa*, 6. *Setta*, 7. *Saba*, 8. *Hémin*, 9. *Tefsa*, 10. *Afchra*.

Aucun peuple Européen n'appartient à cette classe, si ce n'est les Maltois. Mais leur isle appartient proprement à l'Afrique.

En Asie cette classe se compose des Arabes, Syriens, Afsyriens et Juifs. Plusieurs peuples de l'Afrique appartiennent à la classe orientale; mais je n'en parlerai point, parce que je ne m'occupe dans cet ouvrage que des peuples de l'Europe et de l'Asie.

Enfin j'ai appellé cette classe Sémitique parce qu'elle répond très exactement à ce que la Génèse appelle les Enfants de Sem. Cette dénomination n'eft point de moi, elle commence même à devenir commune et usitée parmi les Savants.

2. Classe, Européenne ou Japhétique.

Je comprens dans la Classe Européenne tous les peuples chez qui la pluralité des dénominations numérique. a une ressemblance marquée avec les numériques Samscrets qui est la langue savante de l'Inde ou avec les numériques Celtes:

Celte *1. Unan, 2. Doo, 3. Tre, 4. Petor, 5. Pim.*
Samscret *Jegan, Doc, Trini, Schatuaru, Pantcho.*
C. *6. Sich, 7. Saït, 8. Tris, 9. Nov, 10 Dek.*
S. *- Schatu, Saït, Astu, Nava, Dessa.*

Tous les Peuples de l'Europe appartiennent à cette classe, à l'exception des Turcs et des Hongrois, en Asie elle se compose des peuples du Nord de l'Inde, des Persans, Boukhares, Kurdes, Ossetes. Talischans. Ces derniers sont des purs descendants des anciens Kadusiens ou Medes Montagnards, et l'on observe que la Génèse mettoit Madai au nombre des peuples descendants de Japhet, ensorte qu'en classant par langues on se rencontre avec la Génèse.

Ce n'est pas seulement dans les numériques, que l'on **a** observé la ressemblance des langues Européennes, avec la branche asiatique de la même classe. Dans les 275 mots du Dictionaire comparatif Rufse j'en ai compté 107 dont la ressemblance ne m'a pas paru douteuse. -

La classe que j'appelle Européenne ou Japhètique, ne répond pas exactement à ce que la Génèse appelle enfants de Japhet. Car l'on n'obtient pas les mêmes résultats lorsque l'on classe par langues, et lorsque l'on classe par Origines. Les Tartares de Lithuanie parlent aujourd'hui le Polonois. La langue Slave s'est perdue dans bien des Provinces d'Allemagne habitées par des descendants de Slaves.

3. Classe, Arménienne ou Mossoch.

Cette classe est composée du seul peuple dont je lui ai donné le nom, mais divisé en un grand nombre de dialectes. Le premier nom des Arméniens a été Thogarma, ou Phrygiens Tygramenes. Ensuite ils ont eu un Chef apellé Haïc d'où leurs est venu le nom de Haï, qu'ils se donnent eux-mêmes encore aujourd'hui. Ils font remonter le nom d'Armeniens à Armenac fils de Haïc, ce nom est employé par le Prophete Amos.

Sous Aramus, les Armeniens ont eu une capitale appellée Mazaca d'où leurs eft venu le nom de Mofsoch, employé dans la Génèse. Lorsque la ville de Mazaca fut occupée par les Capadociens, les Armeniens chassés de Masacha habitèrent les les monts Mofschiques et furent appellés Armeniens-Mosches.

Il paroit que c'est vers le huitieme Siècle avant J. C. que ce pays a pris le nom de Royaume d'Ararath, ce nom est employé dans les Prophètes et le livre des Rois. Les numériques Armeniens sont :

1. Min, 2. Jerhu, 3. Jersh, 4. Tschos, 5. Kink.
6. Viutz, 7. Ohti, 8. Ota, 9. In, 10. Tasin.

4. Classe, Ibérienne ou Thobel.

Cette classe comprend une assez grande quantité de petites peuplades de différentes dialectes, établies au centre du Caucase, et sur sa pente meridionale et occidentale. Une des moins connues est celle des Soanes, dont Strabon a fait mention, et qui forme encore aujourd'hui deux petites principautés tout-a-fait indépendantes. Les Géorgiens n'ont pas de nom générique pour désigner toute leur race; Ils s'apellent Cartalini, Caqueti, Imreti selon la province dont ils sont. Les numériques Géorgiens sont:

1. Etti, 2. Ori, 3. Zami, 4. Othi, 5. Honti.
6. Ekusi, 7. Schiodi, 8. Roa, 9. Tschra, 10. Ati.

5. Classe, Caucasienne.

Je comprens dans la classe Caucasienne, 4. familles de peuples habitants le Caucase, 1. les Lesgis, 2. les Mischgis, 3. les Circassiens, 4. les Abafsas. Les peuples de ces quatre familles se subdivisent en un grand nombre de peuplades, qui ont chacune leur dialecte particulier, et quelque fois plusieurs dialectes, parce que chaque village a la sienne, et qu'il y en a dont les habitants ne se marient qu'entr'eux et n'ont point de communication habituelle avec leurs voisins. Les langues de ces quatre familles sans avoir entre elles de réssemblance marquée, ont cependant un rapport commun. C'est que la plûs - part des sons y sont mouillés et avalés d'une maniere qu'il est impossible de rendre avec nos Alphabets.

J'ai réuni ces quatre familles en une seule classe, pour ne pas trop les multiplier; si je n'avais suivi que la ressemblance entre les numériques. J'en aurois fait quatre clafses séparées, ainsi qu'on en pourra juger par l'exemple suivant.

Legis - Andi.   1. *Zeb,* 2. *Tschego,* 3. *Tobgo,* 4. *Bogogo,* 5. *Tschugo.*
Mischgi- Isetschen Tscha,   *Schi,*   *ko,*   *Di,*   *Thi.*
Cerkies - Kabarda   *Ze,*   *Tu,*   *Isch,*   *Phiel,*   *Thou.*
Abassa - Altikesk   *Zeke,*   *Duba,*   *Jeva,*   *Bschila,*   *Bouba.*

Lesgis-Andi   6 *Vintlego.* 7. *Potlogo,* 8 *Beitlego,* 9 *Gotschokok, Bothu.*
Mischgi Tschetschen Ellh,   *Uor,*   *Bur,*   *Isch,*   *It,*
Cerkes - Kabarda   *Hie,*   *Bel,*   *Jez,*   *Bgu,*   *Pscho,*
Abalsa - Altikesck Tscheba,   *Bjeba,*   *Abha,*   *Itzbu,*   *Saba,*

J'observerai que la plupart des mots qui semblent ici poly-syllabes deviennent mono - syllabes dans la bouche des naturels. Les Arabes frappés de la variété des langues du Caucase l'ont appellé Gébal al lessan ou la Montagne des langues. C'est le nom que lui donne Abulfeda.

J'ai choisi dans chacune des quatre classes, la peuplade que j'ai eu l'occasion de voir le plus à mon aise.

6. Classe, Tschoude ou Finoise.

J'appelle classe Tschoude, celle chez qui les numériques ont de la ressemblance avec les numériques Finois. Elle comprend les Careliens, Esthoniens, Lapons, Séiranes, Permiens, Morduans, Ostyaks, Tscheremisses, Tschouwasches, Vogules et Votiaks. Enfin cette classe comprend aussi les Hongrois, dont les numériques sont très ressemblants à ceux des Vogules.

Aucun peuple Finois ne prend le nom de Tchoud, mais on le donne collectivement à tous; Nestor disoit *Tschoud Zavolskaia* lorsqu'il voulait parler de la Permie et des autres pays Fennes situés au delà du Wolga. Les Russes d'aujourd'hui disent Thouchny, mais les Sibériens disent encore Tschoudaki.

On ne peut pas prouver directement; mais il y a beau-coup de probabilité que les Grecs qui dans leur langue n'a-

voient aucun moyen d'écrire Tschoud ont écrit Skuth, et que
les Skuth, qui ont habité les bords du Borysthène et de l'Hy
panis avant l'arrivée des Skolotes étoient des Tfchouds. Les
Skuth ayant donné leur nom au pays qui fut apellé Skuthie
tous les peuples qui depuis ont habité la Skuthie, ont été
appellé Skuth. La preuve directe de cette assertion manque
absolument. Les probabilités en seront rafsemblées dans mor
chapitre sixieme. En attendant voici un exemple des numé
riques Tfchoudes.

Finois	*1. Iko,*	*2. Kaks,*	*3. Kolme,*	*4. Nelia,.*	*5. Viis.*
Vogules	*Aku,*	*Kit,*	*· Koroin,*	*Nila,*	*At.*
Hongrois	*Icg,*	*Keti,*	*Harum,*	*Nit,*	*Ict.*
F.	*6. Kuus,*	*7. Scitzeman,*	*8. Kadeksian,*	*9. Ideksian,*	*10. Kimenen*
V.	*Kot,*	*Sata,*	*Niloun,*	*Antolu,*	*Lou.*
H.	*Hait,*	*Hict,*	*Nicle,*	*Kilene,*	*Ties.*

7. Classe, Samoiede.

J'appelle classe Samoiede, celle chez qui les numériques ont
de la ressemblance avec les numériques Samoiedes.

1. *Op*, 2. *Sede*, 3 *Niar*, 4. *Tet*, 5. *Lambauk*,
6. *Mat*, 7. *Sin*, 8. *Sindete*, 9. *Hafsavoi*, 10. *Luczeio*.

Cette classe comprend dix Dialecles Samoiedes et de plus
les Karaifsins, Taygins, Kamafchin, Motores, Koïbales. Les
Samoiedes paroissent être les Androphages d'Hérodote.

8. Classe, Turque.

Je comprens dans la classe Turque tous les peuples chez
qui les numériques ont de la ressemblance avec les numé
riques Turcs.

1. *Bir*, 2. *Iki*, 3. *Utsch*, 4. *Deurt*, 5. *Befch.*
6. *Alti*, 7. *Jedi*, 8. *Sekiz*, 9. *Dokouz*, 10. *On.*

Cette clafse comprend une douzaine de Dialectes Tartares, et de plus les Teleutes, les Kangalts, et jusques aux Jakouts dans le fond de la Sibérie.

Le nom des Turcs eft fort ancien. Les Rois Scythes qui ont envahi la Perfe sous la Dinastic des Pifchdadiens, sont appellés Rois du Touran ou Tourkeftan. Aboulgasi dit que Turc étoit pere de Tatar et de Mungal. Abulpharage (p. 184) met les Turcs au nombre des plus anciennes nations. Dans Pline et dans Méla, on lit Tyfsagètes et Turcs, ce qui prouve qu'il faut lire aufsi dans Hérodote, Tyfsagètes et Turcs; et non pas Tyfsagètes et Jurks. Je dis: Cela prouve parce que Pline et Méla ont certainement directement ou indirectement tiré cette notion d'Hérodote.

Une partie de la clafse Turque, répond à ce que les anciens ont appellé Saces ou Sakaï. Les Perfans-Sadgian ou Saian, les Hébreux Saan, d'où eft venu le nom de Bethsaan ou Scythopolis. Depuis quelques années les Tartares de Berfadgian, Sayram ou Sakita sont venus en Russie où on les connoit sous le nom de Saiancy.

9. Classe, Mungale.

J'appelle classe Mungale, celle chez qui les numériques ont de la ressemblance, avec les numériques Mungales.

1. *Nidge*, 2. *Hoior*, 3 *Gurba*, 4. *Durcan*, 5. *Tabon*.
6. *Zuga*, 7. *Dolu*, 8. *Naïmu*, 9. *Jofson*, 10. *Abon*.

Cette clafse est composée des Mungales proprement dits ou Kalka Mongales dont étoit Gengiskhan, des Eleuts ou Oirat improprement appellé Kalmouks. Enfin des Bourates ou Bratzki.

Hérodote décrit une peuplade dont les nez étoient camus, les mentons avancés, les cheveux rasés et qui vivoient sous des feutres. Enfin dont le pays situé au midi de hautes montagnes, est positivement celui des Calmouks, cependant les Grécs n'ont point connu toute la nation des Calmouks, mais seulement une petite société d'hommes consacrés à la réligion appellée alors Samanéenne et aujourd'hui Lamique.

10. Classe, Mantschou.

Je comprens dans cette classe les peuples chez qui les numériques ont de la ressemblance, avec les numériques Mantschou.

1. Jemou, 2. Tschous, 3. Ilan, 4. Touin, 5. Sountscha.
6. Ningaun, 7. Nadan, 8. Tschakon, 9. Ouicun, 10. Tschouan.

Les Mantshoux, sont les Tartares qui regnent aujourd'hui à la Chine. Leurs Princes prétendent être de la race Gingiskhaniene, mais la nation est Tunguse.

11. Classe Dgioukagire.

Les Dgioukagires et les Tchiapogires, avoient jusque à présent été comptés parmis les Tungouz, mais depuis le voyage du Capitaine aujourd'hui Contre-Amiral Billings, et les nouveaux vocabulaires qu'il a rapportés; on les en sépare, et c'est aussi là l'opinion de Mr. Pallas.

12. Classe Arincicne.

Je comprens dans cette claffe quelques peuples peu nombreux, chez qui les numériques reffemblent aux numériques Arinciens.

1. Kuzci. 2. Kina. 3. Tionga. 4. Schaga. 5. Kola.
6. Jega. 7. Tuia. 8. Kinamantschay. 9. Kufautschai.

13. Classe, Koriake.

Je compréns dans cette classe les peuples, chez qui les numériques ressemblent aux numériques Koriakes.

1. Juan. 2. Gitaka. 3. Ngroka. 4. Ngraka. 5. Milenga. 6. Juanmilenga. 7. Niktanmilenga. 8. Ngrokmilenga. 8. Ngrak-milenga. 10. Miugitkan.

Il paroit que cette Arithmétique est quinaire — la même classe comprend les Tsouktschi et les Karagincy.

14. Classe, Kamtschadale.

Cette classe ne comprend que le seul peuple Kamtschadale, divisé en trois dialectes; celui du midi a les numéques suivants.

1. Dischak. 2. Kascha. 3. Tschook. 4. Tschoaka. 5. Kum-naka. 6. Nilkoka. 7. Itadik. 8. Tschookotouk. 9. Tschouak-touk. 10. Kumetschouk.

15. Classe, Serique.

Je crois ne devoir faire qu'une seule classe des peuples à face aplatie et à langue monosyllabique, lesquels habitent le Thibet, la Chine, le Cochinchine et le Tonkin. Mais j'ignore, si les Koréens doivent être rangés dans la même classe.

16. Classe, Malaye.

Elle n'existe sur le continent, que dans la presqu'île de Malaca. Mais les îles de la mer du sud semblent lui appartenir.

17. Classe, Bomane.

C'est celle de la presqu'île au delà du Gange. Elle comprend principalement les peuples de Siam, Ava et Pegu.

18. Classe, Hindoue.

Cette classe se compose principalement des peuples de la presqu'île en deçà du Gange, qui cependant par leur langue savante tiennent à la classe Japhétique. Observez que pour les quatre dernieres classes, je ne fais que tatonner. Quand on en saura d'avantage, cn y pourra mettre plus d'exactitude, et classer de même par les numériques, les peuples de l'Afrique et de la Polynesie ou Archipel-Austral.

Telle m'a paru la méthode à préférer pour la classification des peuples. Il eut peut-être été plus avantageux, de classer par les origines. Mais les sentiments y étant encore partagés, celui qui l'entreprendroit, s'exposeroit à paroitre arbitraire. D'ailleurs en classant par langues, je n'affirme rien, et cependant je rappelle les origines.

J'entends par origines la plus ancienne mention historique, et ensuite la filiation depuis cette premiere mention jusqu'à nos jours.

Pour se faire une idée de cette filiation dans les tems anciens, il faut se représenter les grandes nations composées de tribus, qui parloient des dialectes assez rapprochées. Dans ces tribus il y avoit des chefs, qui perpétuoient dans leur famille le nom de la tribu; mais la populace alloit se ranger sous les drapeaux de la tribu la plus florissante, qui alors donnoit le nom à toute la nation, et dans le siécle suivant étoit réduite à quelques familles.

J'ai passé plusiers années de ma vie à étudier ce système politique des Nomades, tant chez les Arabes que chez les Tartares, dans l'Atlas et le Caucase. Et quiconque n'en a pas une idée nette, ne comprendra jamais rien à l'histoire des anciens peuples, notamment à celle des Juifs avant la sortie d'Egypte. Si au contraire on connoit bien les peuples que je viens de nommer, on verra, qu'ils étoient alors ce qu'ils sont encore aujourd'hui, qu'ils faisoient les mêmes choses, qu'ils s'exprimoient de la même manière ; cette connoissance intime des peuples nomades conduira par Analogie à celle de l'état ancien des peuples, qui ont passé à l'état de civilisation, et toute la science des origines se bornera, à savoir sous quel nom chaque peuple a été connu dans chaque siècle. C'est à quoi je crois être parvenu après vingt ans de recherches et de longs voyages.

J'entre donc en matière dès mon second chapitre. Je pars du principe, que le peuple Slave, aujourd'hui nombreux de plus de cinquante millions d'ames, n'a pu se former soudainement, et qu'il doit avoir eu des ancêtres, comme les Hebreux ont été les ancêtres, des Juifs, les Araméens des Syriens, les Hellenes des Grecs. Partant de ce principe, je dis : qu'il ne s'agit plus que de savoir, sous quel nom les Slaves ont été connus dans l'antiquité, et je prouve qu'ils ont été appellés

Riphat dans la Génese.
Hyperboréens dans Homere, Hésiode et Hérodote.
Vénetes dans Pline
Riphaces dans Pomponius Méla.
Venedes dans Tacite.
Arimphéens dans Ammien Marcellin.
Venetes, Vinides, Slaves et Antes dans Jornandes.

Séklab à la place de Riphat dans la version Arabe de la Génese.

Ce dernier témoignage est surtout très remarquable, parce que l'on y voit, que RabiGoar, qui vivoit à Bagdad dans le dixième siècle, avoit eu par la tradition constante des Juifs les mêmes notions, auxquelles nous sommes parvenus par le travail le plus opiniâtre.

Dans mon troisième chapitre, je ne fais que me ranger à l'opinion déjà reçue sur Gomer, à savoir, que sous ce nom il faut entendre les Celtes, ainsi que sous les noms de Kim-raek, Kimri, Kimerioï, Keltes, Galates, Gaulois, Oali, Wals, Walandar, Welsch, Wlochy, Wolochy, lesquelles dénominations vouloient toutes dire Celtes. Tantôt dans un sens plus éten-du, et tantôt dans un sens plus resserré. La preuve directe en est dans Flavien Joseph, Pausanias, Strabon et César.

Mais il n'y a que deux peuples Celtiques, dont l'histoire appartienne à la Russie, ce sont les Cimériens et les Celto-Scythes.

Je dis au sujet des prémiers, qu'ils sont ceux, qu'Eze-chiel a appellé Gomer, et que Flavien Joseph appelle Gala-tes ou Celtes.

Quand aux Celto-Scythes. Je fais observer, que Tacite dit des Prussiens: qu'ils parloient une langue assez ressemblante au Breton. Or nos Lettes, qu'on sait être de la race éteinte des Prussiens, parlent encore une langue celtique assez ressem-blant au Breton, ainsi ils ont tout le droit possible à être re-gardés comme des Celto-Scythes ou Celtes de Scythie.

Dans mon quatrième chapitre je m'occupe des Thyras de la Génese, que Flavien Joseph dit être les Thraces, mais qui doivent

doivent s'entendre plus particuliérement.   Des habitants des bords du Thyras ou Tyri-Getes ou Getes *immortalisants*.   Ils ont ensuite été connus sous le nom de Daces, enfin ils se sont peu à peu transformés en légions Romaines, et ils sont les Valaches de nos jours.

Dans mon cinquième chapitre je m'occupe des Magogs de la Génese, que Joseph dit être les Scythes, mais que j'affirme n'être pas les Tartares.   Au contraire je dis, que les Magogs des Hebreux sont les Madjouges des Arabes, les Majotais des Grecs, les Méotes des Latins, les Galactophages d'Homère, les Massa-Getes ou Getes lointains d'Hérodote, enfin les Jazmates, les Sarmates, dont il ne subsiste plus rien à l'exception d'une race de Sarmates mêlés aux Mèdes, qui subsistent encore dans le Caucase sous le nom d'Ossetes.

Je termine ce chapitre par la distinction des Alains-Goths, et des Alains Sarmates, qui avoient les mêmes moeurs, qui venoient tous les deux d'Asie, mais dont l'origine étoit fort différente.

Dans mon sixième chapitre je parle des Scythes Tschoudes, dont Hérodote dit, qu'ils avoient les yeux pers, et les cheveux roux, et dont les Sibériens disent encore Tchoudaki Béloglazy.   Mes preuves dans ce chapitre sont poussées à un grand dégré d'évidence, mais non pas à une démonstration complete, et cela parce que la preuve directe manque dans les auteurs.

Dans mon septième chapitre je m'occupe de l'histoire des Scythes Tartares ou Turcs, qui ne m'offre plus de difficulté depuis que je l'ai débarassé, des immixtions de l'histoire des Scythes Méotes, et je fais voir, dans quel ordre les peuplades Tartares sont entrées dans la Russie Européene.   Les plus anciens sont les Hippomolgues d'Homère, qui ensuite ont été par-

ticulièrement désignés sous les noms de Nomades et Hamaxobites. Eux mêmes s'appelloient Kangly, à cause du bruit, que
faisoient leurs chariots, et à cause de ce même bruit les
Grecs les ont nommé Patzinaces, du Verbe Patasso (je fais du
bruit), dont les Russes ont fait Peczenegi, et les Polonois
Pieczyngi.

Ils éxistent encore sous le nom de Kangly, et compo-
sent avec les Cumanas la Nation dite Nogaye.

Les seconds Scythes Turco-Tartares sont venus en Russie
six cents ans avant J. C. Ils s'étoient détachés des Turcomans.
Ils sont appellés:

Katiars et Basiliens dans Hérodote.
-   - Basiliens dans Strabon.
Chazires et Catisses dans Procope.
Agazires -   -   dans Jornandes.
Chazares et Barsiliens dans Moyse de Khorene.
Khozars et Bersaliens dans Théophane.
Gazares -   -   dans Constantin Porphyrogénete.
Khozary -   -   dans Neftor.
Kedgiar -   -   dans les Orientaux.
Kedgiar et Borszolu encore aujourd'hui dans le Caucase.

Les troisièmes Scythes de la race Turco-Tartare sont
mentionnés pour la première fois dans Strabon sous le nom
d'Aorses, ou gens, qui marchent sans bruit par opposition aux
Hamaxobites, qui faisoient tant crier leurs chariots. En effet
les Aorses n'avoient pas des chariots, mais des chamaux,
comme ils en ont encore aujourd'hui. Les Aorses sont

Les Ousioun des écrivains Chinois.
Les Ouz ou Ghoz des Arabes et de Constant. porph.
Les Torki de Neftor.
Les Cumani nigri des historiens Hongrois.

Ils connoissent encore très bien leur ancien nom de Ouz, dont ils ont fait Ouzbeg. J'ai vu de leurs hordes.

Les quatrièmes Scythes Turcs venus dans la Russie Européenne, ont déjà été connus des anciens Géographes sous le nom de Coamans. Mais eux - mêmes s'appelloient Kipczaks. Ils n'ont paru en Europe que vers l'an 1000 de J. C. Ils ont alors été appellés Polowce par les Russes et les Polonois; les Grecs les ont appellés Cumaniens. l'Impératrice Anne Comnene dit, qu'ils parloient la même langue que les Patzinaces, aussi ont - ils fini par se confondre avec eux sous le nom de Nogais, qui leur est venu de Noga l'un de leurs Capitaines. Cependant une horde que j'ai visitée, a conservé le nom de Kipczak. Elle habite le haut de la rivière Cuma, d'où leurs est venu le nom de Cumaniens. Ils ne sont entré en Europe que vers l'an 1000, mais ils s'en étoient approché longtems auparavant.

Les Huns y sont entré vers l'an 350. Les Avares étoient aussi des Huns, ainsi que les Ouigours. Ceux-ci parloient selon les Chinois la même langue que les Keigis. On doit aussi mettre au nombre des Huns, les Baszkirs, les Mezreriaks et les Hongrois. Ceux - ci ayant longtems dominé dans le pays des Vogules, ont adopté une partie de leur langue. Delà vient la ressemblance du Hongrois avec le Finois. C'est dans ce même chapitre qu'on trouvera mon commentaire sur Hérodote.

Dans mon chapitre huitième je parlerai des peuples du Caucase, que je réduis aux classes mentionnées ci-dessus.

Dans mon chapitre neuvième je parlerai des Géorgiens. Ce chapitre sera court, car qu'y a-t-il à dire sur l'origne d'un

4 *

peuple aussi ancien que l'histoire elle même. S'il a été soumis par les colonies Japhétiques, au moins n'a-t-il rien adopté de leurs langues.

Dans mon chapitre dixième je traiterai des origines Phrygiennes, et je montrerai, pourquoi les Rabins donnent encore aux Allemands le nom d'Aschkanas.

Dans mon chapitre onzième je traiterai des origines Arméniennes.

Mon chapitre douzième sera un commentaire sur le dixième de la Génese. Les familles Japhétiques, Sémitiques et Chamiques sont, comme l'on sait, les peuples de l'Europe, de l'Asie et de l'Afrique, c'est à dire ceux, que les Hébreux ont alors connu, par l'entremise des Phéniciens cela n'est point douteux, puisque ces mêmes peuples portent encore aujourd'hui ces mêmes noms de famille, comme ils les ont porté dans tous les écrivains sacrés, prophetes et autres, et même dans les livres purement historiques comme les Paralipomenes et même les peuples n'avoient point d'autres noms dans l'orient, que ceux qui sont employés dans ce chapitre dixième.

On trouvera à la fin de mon ouvrage des Tables Chronologiques, qui conduiront depuis les tems les plus anciens jusqu'au moyen âge. Et si l'on veut savoir ce qui s'est fait depuis on pourra avoir recours à mes *Fragments historiques et Géographiques*, imprimés à Brunsvic en 1796, qui conduiront le lecteur jusqu'au dixième siècle, où toute obscurité reste.

Lorsque je suis entré dans cette pénible carrière, je n'ai pas cru, qu'il fut possible de remonter plus haut que le moyen âge, mais enfin à cette époque tous ces peuples existoient déjà. J'ai vû, qu'on les retrouvoit dans Tacite, Pline et Ptolemée. Mais ils existoient déjà alors. De nouvelles recherches m'ont fait remonter jusqu'à Hérodote, Homère, enfin jusqu'aux écrivains sacrés.

Il m'a fallut vingt deux ans du travail le plus assidu pour arriver à bout de cette carrière rétrograde. Maintenant c'est aux maîtres à me juger, je leur livre toutes les pièces du procès sans en celer aucune. Chacun sera à même de tirer les conclusions.

CHAPITRE II.
Origines Slaves.

Le peuple Slave nombreux aujourd'hui de plus de cinquante millions d'ames, ne peut s'ètre formé soudainement. Il doit avoir son représentant dans l'antiquité ou en d'autres termes il doit avoir eu des ancêtres. c'est ainsi que les Hellenes étoient les ancètres des Grècs. Les Hébreux des Juifs, les Araméens, des Syriens. Mais la difficulté est de distinguer les Slaves au milieu de la foule de peuples que les Grècs ont confondu sous le nom de Barbares.

2. Au sixieme siècle de notre ere, le peuple Slave parut aſsez subitement sur les bords du Danube; il étoit alors divifé en deux familles; les Slaves et les Antes, mais quelque fois les écrivains en ont compté trois. Les Slaves, les Antes et les Venetes.

3. En remontant de deux Siècles, on reconnoit aisement le peuple Slave, dans les Venètes soumis par Hermannie, Roi des Visigoths. Jornandes dit que c'étot une multitude immense mais mal armée et Ptolomée met aussi les Venèdes au nombre

des grand peuples Enfin on nous retrouve encore dans les Venètes de Pline et les Venèdes de Tacite.

4. Ici finifsent (en remontant) les témoignages directs. Mais
on trouve dans le nord sur le Golphe Venedique Baltique. On
trouve di - je un grand peuple appellée Riphéen et surnommé
Hyperboréen, en grand rapport de réligion, et de commerce
d'ambre, avec les Venètes de l'Adriatique, qui étoient eux mêmes une Colonie des Henetes Paphlagoniens. Or Flavien Joseph
dit que les Riphat étoient ceux qu'en Grèc on appelloit Paphlagoniens. Ainsi je trouve ici une véritable équation c'eft-à-
dire une double expression d'une seule et même chose; mais

Paphlagoniens veut dire *nés dans un pays brulé.*
Hyperboréens veut dire *habitants du Nord.*
Hénetes veut dire *Illuf.res louables.*

Ce ne sont que des surnoms, mais Riphat étoit un nom
de peuple: Flavien Joseph dit d'aprés la Génese que les Riphates étoient une branche des Galates ou Celtes et l'on ne
peut remonter plus haut.

5. Nous allons donc d'abord montrer la conformité de beaucoup de racines Celtiques avec des racines Slaves. Puis nous
ferons voir que les Vénètes de l'Adriatique, étoient de la même
race que les Vénètes de Paphlagonie. Enfin nous remontérons
aux Riphéens du Golphe Vénedique - Baltique dis Hyperboréens dont nous ferons voir la descendance directe et non inter-
rompue, jusques aux Slaves et Antes de Jornandes.

6. Dans la comparaison des racines je prendrai pour base
les 275 mots du Dictionaire comparatif Rufse. Choisir les mots
à comparer ce seroit à s'exposér à la tentation de devenir arbitraire et systematique. D'ailleur 275 mots suffifent. Ce n'eft

pas que chaque langue n'ait plus de radicaux, mais les mots simples d'une langue sont composés dans une autre, et de ceux qui peuvent servir à comparer plusiers langues, il n'y en n'a guere plus de trois cent, sur tout chez les peuples à demi-sauvages, et je m'en suis souvent convaincu par ma propre ex-périence en écrivant des vocabulaires sous la dictée des natu-rels, tant en Asie qu'en Afrique sur tout dans l'Atlas et le Caucase.

7. Enfin j'observerai encore que dans la comparaison sui-vante j'ai pris d'un coté indifféremment dans tous les dialectes Slaves, et de l'autre dans tous les dialectes Celtiques.

Francois.	Slave.	Celte.	François.	Slave.	Celte.
Montagne	- Gora	- Gor.	Coq	- Kogut	- Kudgok
Eau	- Woda	- Od.	Poule	- Kura	- Keark
Ciel	- Nebo	- Neco.	Oye	- Gus	- Gous.
Pere	- Atiez	- At.	Canard	- Utka	- Uguta.
Mere	- Mat	- Ma.	Borne	- Meza	- Muga.
Frere	- Braot	- Bra	Ville	- Gorod	- Giarog.
Tete	- Galava	- Gal.	Mesure	- Miera	- Miedr.
Oeil	- Oko	- Og.	Cave	- Kad	- Kads.
Bouche	- Gouba	- Auba.	Aliment	- Jed	- Jeds
Gorge	- Garlo	- Gargaden.	Voleur	- Wor	- Hor.
Ventre	- Brucho	- Brou.	Querelle	- Bran	- Bran.
Genou	- Kolino	- Glin.	Parefse	- Len	- Liuni.
Sang	- Krow	- Kraou.	Navire	- Sudno	- Sud.
L'ouie	- Sluch	- Illus.	Blanc	- Biel	- Blanc.
Le gout	- Swod	- Swoid.	Couper	- Rezat	- Reza.
Sommeil	- Son	- Suon.	Je verse	- Leiou	- Liegem.
Force	- Sila	- Tsil.	Il est	- Je	- Ye.
Mort	- Smart	- Mart.	Donc	- Day	- Dy.
Soleil	- Solonce	- Saul.	Arete	- Stoy	- Stu.

François.	Slave.		Celte.	François.	Slave.		Celte.
Lune	- *Mifatz*	-	*Myst.*	Toi	- *Ty*	-	*Ty.*
Jour	- *Den*	-	*Dents.*	Lui	- *On*	-	*Ǧen.*
Mer	- *More*	-	*Mor.*	Elle	- *Ona*	-	*Hon.*
Riviere	- *Reka*	-	*Reak.*	Nous	- *Nie*	-	*Ne*
Arbre	- *Derevo*	-	*Derev.*	Defsous	- *Pod*	-	*Po.*
Pieu	- *Pal*	-	*Paul.*	Defsus	- *Na*	-	*Na.*
Boeuf	- *Byk*	-	*Bikon.*	Dans	- *Wo*	-	*Wu.*
Chat	- *Kot*	-	*Cat.*				

Voila ce me semble des rapports bien frappants, je pourrois les poulser bien plus loin, soit dans les dialectes Celtiques soit dans le Latin qui est lui même une langue Celtique à savoir l'ancienne langue des Ombriens. Mais ceci suffira à faire voir que la Génèse mérite quelque confiance lorsqu'elle fait de Riphat un enfant de Gomer, c'est-à-dire un peuple ifsu des Gomérites, car elle ajoute toujours, chacun dans sa famille sa langue et sa Nation.

Maintenant je vais pafsér à la seconde partie de mon mémoire où je prouverai, que les Hénètes de l'Adriatique étoient une colonie de ceux de l'Asie mineure.

SECONDE PARTIE DU CHAPITRE II.

§. Je vais donc m'attacher principalement à prouver que les Hènetes, étoient réellement une Colonie de Paphlagoniens, et comme, il se trouve quelque contradiction dans les opinions des anciens, je rapporterai les textes eux mêmes. En y joignant les notes, qui serviront à faire connoitre la valeur reelle de chaque temoignage, afin de mettre le lecteur à portée de choisir là où les temoignages se contrediront.

Texte de Jule Solin.

La Paphlagonie est embrafsée par la frontiere des Galates.
En Paphlagonie eft le mont Kytorus, qui s'avance l'espace de
63 milles, ce mont eft fameux par un lieu appellé Hénétus.
Cornélius Nepos dit, que les Paphlagoniens sont venu de là
en Italie où ils ont été appellés Vénetes.

9. Texte de Strabon:

Le Fleuve Parthénius fait la limite des Hénétes, qui pos-
sèdent Kytoron, et l'on dit que quelques-uns habitent même
sur le fleuve .... A présent venons en aux Paphlagoniens et
aux Hénétes ce qui nous donnera une occasion d'examiner quels
Hénétes Homere entendoit par les Vers suivants.

*Pylamene le Paphlagonien conduisit la troupe des Héné-
tes. Il venoit du pays où se trouvent les Mulets vigoureux,*
mais à présent personne en Paphlagonie ne parle de Hénétes.

COMMENTAIRE.

Strabon a dit quelques lignes plus haut que les Hénètes possédoient
Kytoron. On trouve une autre contradiction bien plus frappante, au
suet des Vénètes Gaulois. Ces négligences sont le principal défaut;
on peut même dire le vice de Strabon.

10. Suite du Texte de Strabon.

Quelques-uns entendoient donc par là une certaine ville
située sur la mer à dix schenes d'Amaftris. Zénodote change
même la leçon. Il veut qu'on lise Hénétis et non pas Henétoon.

Et il entend par Hénétis la ville que l'on appelle Amifus
... d'autres disent que les Hénetes étoient un petit peuple
limitrophe de la Capadoce, qui avoit combatu contre les Cimériens, et s'étoit enfin établi sur la mer Adriatique.

COMMENTAIRE:

Tout ce que Strabon a rapporté jusques à présent a été les opinions de quelques commentateurs d'Homere, gens subtils et toujours contents de pouvoir dire quelque chose de nouveau, sur chaque vers de leur auteur. Mais heureusement Strabon va nous dire aussi l'opinion la plus reçue de mon tems, qui est tout à fait conforme à celle de Cornelius Népos.

11. Suite du Texte:

Mais l'opinion la plus commune eft que les Hénètes étoient le plus noble des peuples Paphlagoniens, et qu'à ce titre ils avoient accompagné Pylamene au siège de Troye. Que celui-ci ayant été tué, et Troye prise, les Hénètes avoient pafsé en Thrace. Où après avoir longtems erré, ils s'étoient établi dans le pays qui depuis fut appellé Vénètie.

COMMENTAIRE.

Strabon en disant que les Hénètes étoient le plus noble des peuples semble s'appuyer du sens qu'offre le mot Grèc Hénètes qui veut dire célèbres, louables, et la preuve que cette étymologie est bien réelle, c'est que les Hénètes restés en Paphlagonie, furent appellés Honoriates par les Romains du bas Empire.

12. . . . Suite du Texte.

D'autres veulent qu'Anténor et ses enfants ayent eu part à cette expédition et qu'ils se soyent établi à l'extrémité de la mer Adriatique, ainsi que nous le verrons dans la description de l'Italie et l'on peut juger par là, pourquoi il n'y a plus de Hénètes en Paphlagonie.

COMMENTAIRE.

On a déjà vu et on va voir qu'il y en avoit; ainsi, Strabon est en contradiction avec lui même.

Suite du Texte.

13. . . La partie de la Paphlagonie, qui avoit appartenue à Mithridate, fut donnée par Pompée à des Princes de la maison de Pylamène. Méandrius dit que les Hénètes étant venus au secours de Troye du fond de la Leucosyrie s'en allerent ensuite avec les Thraces; et s'établirent au fond de la mer Adriatique. Il ajoute que les Hénètes qui ne sont pas allés au siège de Troye se sont ensuite transformés en Capadociens. Et ceci paroit d'autant plus croyable qu'on se sert indifféremment des deux langues, dans la partie de la Capadoce, qui est sur le fleuve Halys, et confine avec la Paphlagonie.

L'on y retrouve aussi l'usage des noms propres, que nous regardons uniquement comme Paphlagoniens. Tels que Bagos, Biazes, Aniates, Rhatates, Sardokes, Tibias, Gazis, Ologazis et Manès.

COMMENTAIRE.

Strabon dit dans un autre endroit, que Manès étoit un nom Phrygien. Si des autres noms propres, on ôte la finale grecque, il en résultera bien des noms barbares, mais qui ne prouveront pas plus pour une race, que pour une autre. Il en est de même de tous les anciens noms barbares. Par exemple chez les Goths, Augis, Amala, Isarna, Alethée ne s'expliquent pas en Allemand, mais Fridegern, Hermanric, Thorismond ont déjà des significations, auxquelles on ne peut se méprendre. Chez les Slaves de Belo-chrobatie (Apud Const: Porph. Klukas Lobetos Cozentzes, Muchlo n'ont pas de signification, mais Selegast, Mezamir, Muzyk ont un son et un sens Slave. Des noms rapportés par Strabon, Bag, Biazy, Aniat, Rhatat, Sardok, Gaz, Olgas semblent être slaves, mais à rigoureusement parler, ils ne prouvent ni pour ni contre aucune opinion. — Revenons aux Hénètes de l'Adriatique.

14. Si je voulois écrire l'histoire des Vénétiens, les notions se présenteroient en foule, et Tite Live seul m'en fourniroit assez, pour prouver qu'ils sont venu de l'Asie mineure. Mais je ne citerai que les passages, qui meneront plus directement au but proposé. Polybe dit positivement, que les Hénetes parloient une langue particulière. Et il est si vrai,

qu'ils differoient beaucoup de leurs voisins, qu'Hérodote pensoit, qu'ils pouvoient bien être Medes Il en auroit su d'avantage, si les Grecs eusent alors eu plus de commerce avec l'Adriatique. Mais la Vénétie ne fut bien connue, que lorsque les Romains l'eurent soumise. Mais du tems de Strabon la différence de langue et de moeurs n'existoit plus. Il nous dit, que le nom de Vénetes subsistoit encore, mais que tout le pays étoit devenu une colonie Romaine. Le fleuve principal du pays s'appelloit dès-lors Plavis, aujourd'hui Plava, et ce nom me paroit slave.

Aujourd'hui nous voyons encore au fond du Golphe Camero un peuple, appellé *Schytschens*, dont Procope a déjà parlé sous le nom de Siskiens. L'on prétend, qu'ils sont très différents des autres Slaves environnants, et paroissent être d'une migration antérieure. Voyez sur ce sujet les Voyages de Haquet.

15. Un siècle après Strabon, le Nord étant mieux connu, Tacite se trouva à même de décrir un peuple de la Sarmatie. qu'il appelle Vénedes, et que Pline appelle Vénetes. Ce peuple ne peut certainement pas être provenu des Vénetes de l'Adriatique, qui étoient devenus Romains. Mais nous prouverons, que les Vénetes de l'Adriatique ont eu avec ceux du nord des rapports très intimes. Cependant achevons l'article de la Paphlagonie.

16. Pomponius Méla met des Vénetes dans l'Asie mineure entre les Mariandyniens et les Capadociens, on y reconnoit aisément les Hénetes de Pylamene.

17. Pline appelle Vénetes, les Vénedes septentrionaux de Tacite, et il appelle Génetes, les Hénetes de la Paphlagonie.

18. Moyse de Khorene, qui suit ici Papus d'Alexandrie, appelle ceux-ci Honoriates, qui est une traduction latine du Grec Hénéti.

19. Jornandes dit: Ravenne a été dans la possession de ceux, qui furent autre fois appellés Hénéti, c'est à dire louables. Laudabiles.

20. Paul Warnefried, qui n'avoit pas lu Jornandes, dit: les Latins ajoutent une lettre au nom de Vénéti, mais les Grecs écrivent Eneti, qui veut dire Laudabiles.

21. De toutes ces preuves je conclus, que les Vénetes de l'Adriatique étoient une Colonie des Hénetes de la Paphlagonie. A la vérité, si l'on vouloit combattre la foule de mes preuves, l'on pourroit s'armer de deux passages de Strabon. Dans l'un il dit: Quelques auteurs font descendre les Vénetes de l'Adriatique de ceux des Gaules — et dans un autre endroit il dit: que lui-même penche vers cette opinion, mais que dans ces choses-là il falloit se contenter de l'apeuprès ou de la probabilité Ce dernier passage auroit sans doute beaucoup de valeur, si le même Strabon ne disoit aussi: Les Hénetes sont allés de la Paphlagonie sur la mer Adriatique; — ailleurs il dit: les Hénétes sont les plus nobles des peuplades etc. etc. — voyez ci-dessus l'article 21. Les contradictions de Strabon se détruisent les unes et les autres, reste l'opinion commune, que j'ai mise à la tête de cette seconde partie, parce que je l'ai trouvée appuyée par des auteurs latins, grecs, hebreux, arméniens, goths et longbards, et de plus par la tradition constante des Juifs consignée dans la version Arabe de Rabi Goar, qui écrivoit à Bagdad dans le neuvième siècle, et qui a mis Seklab, c'est à dire Slave, à la place de Riphat, tout comme Flavien Joseph mettoit Paphlagoniens à la place de Riphatéens.

22. Je dis donc, que les Riphats de la Génèse sont les Paphlagoniens des Grecs, les Hénètes d'Homére, les Vénetes des Latins, les Honoriates, les Laudabiles et tous ces noms honorables sont la traduction de celui de Slave. Mais à quelle époque les Paphlagoniens auroient-ils mérité ces épithetes glorieuses. — Peut-être lors de leur guerre contre Dardanus. Cette guerre a été chantée par Corinnus, dont le poëme a servi de modéle à Homére (voyez Suidas et Fabricius).

Je terminerai ici la seconde partie de mes origines Slaves, pour traiter dans la troisième, de ceux d'entre les Vénetes, qui occupoient le Golphe Vénédique et les monts Riphéens, aujourd'hui Rywnickie Cory, qui font partie de la chaine du Waldai.

Troisième partie du second Chapitre.

23. Texte d'Hérodote.

Hésiode a parlé des Hyperboréens, et Homére aussi, si tant est que le poëme des Epigones soit de lui.

COMMENTAIRE.

Homére parle aussi des Hyperboréens dans les Hymnes.

24. Autre Texte d'Hérodote.

Mais ce sont les Déliens qui ont le plus à dire sur les Hyperboréens. Ils racontent, qu'autre fois les Hyperboréens envoyoient à Délos des offrandes renfermées dans une corbeille, et la rendoient à d'autres peuples, leurs voisins, qui la remettoient à d'autres vers l'occident sur le Golphe Adriatique. Ces peuples d'occident la portoient ensuite vers le midi, et les Dodonéens étoient les premiers d'entre les Grecs, qui reçussent la corbeille. Ceux-ci la portoient au Golphe Mélien, d'où on la portoit en Eubée, puis de bourg en bourg jusqu'à Caristis. La corbeille ne passoit pas à Andros, mais les Carystiens, qui possédoient alors Ténos, la portoient jusqu'en cette île. Enfin les Ténos portoient la corbeille à Délos, et c'est ainsi qu'elle y parvenoit.

COMMENTAIRE.

Pour retrouver le pays des Hyperboréens, faisons à rebours le chemin de la corbeille Si de Dodone on va vers le nord du Golphe Adriatique, l'on arrive chez les Vénetes. Si de la Vénetie l'on va vers l'orient, l'on arrive en Scythie. Si l'on traverse la Scythie d'Hérodote, on arrive sur la mer Baltique dans le pays des Vénedes septentrionaux. La corbeille faisoit donc un détour, pour passer chez les Vénetes Adriatiques, mais c'est une présomption de plus en faveur des anciennes liaisons.

25. Suite du Texte.

On dit qu'auparavant les Hyperboréens avoient envoyé des jeunes filles porter leurs offrandes. Les Déliens appellent ces filles Hyperoché et Laodice.

COMMENTAIRE.

Ces noms sont grecs, et souvent les Grecs donnoient des noms aux étrangers, lorsqu'ils trouvoient les leurs trop difficiles à prononcer; souvent ils traduisoient le nom de l'étranger. C'est ainsi qu'ils ont appellés Linus, le Poëte égyptien Manéros, parceque ce nom vouloit dire du lin en Egyptien. Lorsque les Grecs étoient forcés d'écrire des noms trop barbares, et qui blessoient l'harmonie, ils les accompagnoient de quelques excuses. L'on en trouve plusiers exemples dans Strabon, d'où l'on peut inférer, que ces jeunes filles avoient des noms de leur pays, que les Grecs auront rendu par Hyperoche et Laodice.

26. Suite du Texte.

Cinq Hyperboréens acompagnoient ces jeunes filles pour les protéger Les Déliens donnoient à ceux-ci le titre de Periphéres (ou Conducteurs,) et ils les honoroient beaucoup. Cependant les Hyperboréens ne voyant point revenir ceux, qu'ils avoient envoyés, en prirent de l'ombrage, c'est pourquoi ils se résolurent à ne plus envoyer personne, mais de remettre la corbeille au peuple le plus voisin, jusqu'à ce qu'elle arrivât à Délos. J'ai vu pratiquer quelque chose de semblable en Thrace et en Pannonie. Lorsque les femmes y sacrifient à Diane la Reine, elles ne le font point sans une corbeille de paille de froment, et je les ai vues faisant ces sacrifices.

COMMENTAIRE.

Aujourd'hui nos paysans de Mazowie ont l'art de façonner la paille de Froment d'une manière très curieuse. Ils en font des espèces de mitres artistement tissues, dont les filles se couronnent après la moisson, et qui sont ensuite suspendues dans les églises. Au moins je me rappelle, que cet usage subsistoit encore dans ma jeunesse.

27. Suite du Texte.

Les jeunes gens et les jeunes filles de Délos rendent des honneurs à la mémoire de ces filles hyperboréenes mortes chez eux. Les filles coupent leur cheveux, les roulent autour d'un fuseau, et les déposent sur le monument. Les garçons y portent une certaine herbe, qu'ils cueillent exprès, le monument est à gauche auprès de l'artémision, et un olivier est venu dessus. Voilà les honneurs, que les Déliens rendent à ces jeunes filles.

COMMENTAIRE.

Ceci est très important, parcequ'on voit, qu'il y est question de cet ancien culte, que les Grecs avoient emprunté des Hyperboréens pour ce qui est d'Elithye. C'étoit la Lucine des Grecs. Pausanias dit: qu'elle étoit venue exprès du pays des Hyperboreens, pour assister aux couches de Latone.

28. Suite du Texte.

Argis et Opis sont en grande vénération chez les Déliens, on rassemble pour elles un choeur de femmes, qui chantent une hymne composée par Olen de Lycie, et les noms d'Argis et Opis sont dans cette hymne. Olen étoit natif de Lycie, on a de lui plusieurs hymnes, que l'on a chanté à Délos.

. Les habitants des autres Isles, et les Joniens, ont empruntés ce rite, dans lequel ils ont été instruits par les Déliens. Ils rassemblent aussi des choeurs, qui chantent les noms d'Argis et Opis, mais à Délos tandis que les cuisses de la victime sont brulées sur l'autel, on prend les cendres, et on les met sur les monumens de ces deux filles, et puis l'on en asperge une troupe de malades, qui s'y rendent pour cette occasion. Le monument d'Argis et Opis est hors de l'artimision vers l'orient proche de la sale à manger des céïens.

COMMENTAIRE.

Du tems de Pausanias les Hyperboréens envoyoient encore des offrandes couvertes de paille de froment, mais elles passoient par Sinope, et de Sinope on les portoit au temple d'Appollon chez les Prusiens. Voici encore un passage bien remarquable du même Pausanias. Beo, dit-il, native du lieu, et connue par des hymnes, qu'elle fit pour les Delphiens, nous apprend, que ce furent des étrangers, venus du pays des Hyperboréens, qui batîrent le temple, où Appollon a depuis rendu ses Oracles, que plusieurs d'entr'eux y prophetisèrent, et entre autres Olen, qui le premier inventa les vers hexametres, et s'en servoit à cet usage. — Beo dit encore: ,,Pangasus et Aggeius, ,,sortis du pays des Hyperboréens, sont venu vous consacrer ce lieu ,,saint ô Appollon'' — et après en avoir nommé plusieurs autres, elle ,,ajoute: Et Olen, qui le premier prononça vos oracles en vers he,,xametres, dont il fut l'inventeur.

Plutarque dit: que les offrandes des Hyperboréens arrivoient à Délos, accompagnée de joueurs de flute et de guitarre (Traité de la musique. r. 22.)

Diodore de Sicile dit positivement, que Latone étoit née dans le pays des Hyperboréens. Tout le reste de ce qu'il dit sur ce peuple, ne vaut pas la peine d'être recueilli.

29. Suite du Texte.

Voilà tout ce que j'avois à dire sur les Hyperboréens, car je ne veux pas parler d'Abaris, qu'on dit avoir été un Hyperboréen. On prétend, qu'il a parcouru toute la terre monté sur une flèche et sans rien manger.

COMMENTAIRE.

On a vu, qu'Hérodote ne parloit des Hyperboréens que sur d'anciennes rélations, car dans sa description de la Scythie il avoue ne point connoitre le nord de l'Europe. Il dit: ,,Le pays, qui est au ,,Septentrion des Neures, n'a point d'habitants, autant que nous ,,avons pu le savoir. Au dessus des Androphages est un vrai dé-,,sert, où l'on ne trouve plus aucune race d'hommes, que nous sa-,,chions. Au dessus des Mélanchlenes tout est marais, et il n'y a ,,point d'hommes que je sache.''

Cependant Hérodote connoissoit le cours du Dnieper quarante journées au dessus des cataractes, c'est à dire bien près de sa source. Or bien près de cette source est aussi celle de la Dwina Qui a jadis porté les noms de Rudo, Raudo et Raudanus, et il paroit qu'Hérodote en a eu connoissance, mais qu'il n'a pas voulu se fier à des notions incertaines.

30. Texte d'Hérodote.

Je ne puis rien dire de certain sur les extrémités de l'Europe. Je ne crois pas, qu'il y ait un fleuve, qui entre dans la mer en courant vers le Septentrion, on dit pourtant que ce fleuve existe, et qu'il s'appelle Eridanos, et que l'Ambre nous vient de là; mais ce nom Eridanos paroit grec et point barbare. Il semble avoir été inventé par quelque Poëte, je me suis curieusement informé de toutes ces choses, mais je n'en n'ai rien pu apprendre de certain, et je ne sais, d'où nous vient l'Ambre.

31. Texte de Strabon.

C'est une pure fable, que l'histoire de Phaéton et des Héliades transformées en peupliers sur les bords d'un fleuve, qui n'existe pas sur toute la terre, bien qu'on le place auprès du Po.

COMMENTAIRE.

L'Eridan n'étoit pas voisin du Po. Mais les Vénetes du Po faisoient un commerce d'ambre avec ceux de l'Eridan comme on va le voir.

32. Texte de Pline.

Ce sont les Vénetes, que les Grecs appellent Hénetes, qui ont commencé à donner de la réputation au succin. Ce peuple demeure sur le Golphe Adriatique près de la Pannonie, or je crois, que voici le fondement de tant de fables, que l'on a attachées au fleuve Padus. C'est que les paysannes trans-padannes portent encore aujourd'hui à leur cou des filets de succin. C'est chez elles une parure, et elles lui attribuent une vertu médicinale contre les vices des glandes dans la gorge et le cou.

COMMENTAIRE.

Jusqu'à présent nous avons vu les Vénetes de l'Adriatique en rapport de culte et de commerce d'Ambre avec un peuple hyperboréen. A présent nous allons retrouver dans le nord un peuple appellé Vé-netes ou Riphaces selon Pomponius Méla.

33. Texte de Pline.

Quelques-uns disent, que ces contrées sont habitées jus-qu'à la Vistule, par les Sarmates, les Scires, les Vénetes et les Hires.

6 *

COMMENTAIRE.

Bien que Pline ne dise pas précisement, de quel côté de la Vistule
habitoient les Vénetes, on peut bien supposer, que c'étoit sur le
Golphe Vénédique, qui commençoit à la Vistule, et alloit jusqu'au
Golphe de Finnlande.

34. Texte du Tacite.

Pour les Vénedes ils ont beaucoup pris des moeurs
Sarmatiques témoins les brigandages, qu'ils exercent sur les
montagnes et dans les forèts, qui sont entre les Fennes et les
Peucins. Toutefois on regarde les Vénedes plûtot comme
Germains, parce qu'ils portent des boucliers, qu'ils font usage
de leurs jambes et se piquent même d'être légers à la course,
enfin parce qu'ils ont des démeures fixes, différents en tout cela
des Sarmates, qui passent leur vie à cheval ou dans des
chariots.

COMMENTAIRE.

La Génese fait Aschkanas, frère de Riphat, dans sa langue, sa famille et sa nation, et voilà Tacite qui fait presque un même peuple
des Vénedes et des Germains, ce qui est dire la même chose en
d'autres termes. Les Racines Germaniques et Slaves sont Celtiques,
aussi la Génèse fait-elle Aschkanaz et Riphat enfants de Gomer.
Je ne considere pas ici la Génèse comme un livre sacré, mais
comme une Géographie très ancienne et très juste.

35. Texte de Pline.

Philémon dit: que les Cimbres appelloient l'Océan septentrional Mori maruza, ce qui veut dire chez eux mer morte,
mais qu'ils n'étendoient cette dénomination, que jusques au
promontoire Rubéas et ils disoient que depuis là l'Océan s'appelloit Chronium.

COMMENTAIRE.

L'Ocean Chronium étoit celui où tomboit le fleuve Chronius ou
Niemen, le promontoire Rubéas, étoit la pointe septentrionale de

la Courlande. Car c'est derrière cette pointe que tomboit la Dwina que Ptolomée appelloit Rhubon comme on l'a vu ci - dessus. C'est donc là que commençoit la dénomination de More - Maruza, mais comme c'étoit là le Golphe essentiellement Vénédique nous pouvons supposer que ce mot étoit Slave et qu'il vouloit dire mer glacée ce qui n'empêche pas que les Cimbres expliquant ce mot dans leur langue ne dissent mer Morte en Celte *more morsa*.

36. Texte de Ptolomée.

Après les bouches de la Vistule viennent les bouches du Chronius (ou Niemen , Puis les bouches du Rhubon (ou Dwina). Les Vénèdes sont établis sur tout le Golphe Vénédique. C'est un grand peuple.

37. Texte de Marcien d'Héraclée.

La Sarmatie qui est en Europe, est baignée au Septentrion par l'Océan Sarmatique, par le Golphe Vénédique et par une partie de la terre inconnue. Le Golphe Vénédique commence à la Vistule et s'étend prodigieusement.

COMMENTAIRE.

Si le Golphe Vénédique commençoit à la Vistule, on ne voit pas trop ce qui restoit pour l'Océan Sarmatique, mais il faut observer que dans ces cas-là, les dénominations ne sont jamais bien précises. Nous disons bien, la mer de Syrie, le Golphe de Lyon, mais nous ne pouvons pas déterminer précisément les limites de ces diverses dénominations.

38. Suite du Texte.

Après les bouches du fleuve Vistoula, viennent les bouches du fleuve Chronius. Ce fleuve entre dans le Golphe Vénédique, mais le fleuve Rhudon vient du mont Allaunien là sont aussi les sources du Borysthène.

COMMENTAIRE.

Si les sources du fleuve Rhudon étoient proches de celles du Dnieper il s'en suit que le Rhudon est la Dwina et non point le Nies

men. Comme l'a supposé Mr. Gatterer, contre l'opinion générale.
ment reçue avant lui ; au reste on voit assez que le Rhudon de
Marcien, est le Rhubon de Ptolomée, et sans doute aussi l'Eridan
septentrional d'Hérodote maintenant vient un temoignage direct sur
les Riphéens.

39. Texte d'Ammien Marcellin.

A l'origine de ces différentes patries à l'endroit où finissent les monts Riphéens habitoient les Arymphéens, les fleuves
Chronius et Bisule traversent leur pays.

COMMENTAIRE.

Ammien écrivoit Vistule par un B. pour se conformer à l'orthogra-
phe Grèque de son tems. Or donc si les peuples des monts Riphéens ; les Riphaces de Méla, les Riphates de la Génèse et de
Rabi Goar Si di-je ces peuples habitoient le pays, traversé par
la Vistule et le Niemen il s'en suit qu'ils étoient les Vénètes eux
mêmes. Mais les Hyperboréens selon Pline et Méla prévenoient la
décrépitude et finissoient leurs jours en se précipitant du haut d'un
rocher dans la mer. Donc ils habitoient près de la mer. Et sur
quelle mer pouvoient ils habiter, si ce n'est sur le Golphe Vénédique.
Donc ils s'étoient les habitants du Golphe Vénédique c'est-à-dire
les Vénèdes eux-mêmes.

40. Texte de Jornandes.

Vers le milieu du quatrieme siècle, Hermanric, Roi des
Visigoths tourna ses armes contre les Vénètes. Ce peuple ne
connoissoit pas l'art de la guerre mais leur multitude les ren-
doit redoutables ; à présent on les connoit sous les trois noms
de Vénètes, Antes et Slaves.

41. Autre Texte.

Les Vénèdes ont à présent des noms divers, qui varient
suivant les familles et les lieux, mais ils s'appellent en général Slavons ou Antes.

Conclusion.

1. Les Gomèrs ou Celtes ont poussé une branche appellée Riphat. 2. Celle-ci s'est divisée en deux ramaux, des quels l'un est resté en Paphlagonie, et l'autre est allé sur la mer Baltique. 3. Quelques Riphat de la Paphlagonie sont allé s'établir sur la mer Adriatique où ils ont con ervé des relations avec les Riphates Hyperboréens. 4. Les Vénètes de la mer Adriatique se sont peu-à-peu métamorphosés en Romains. 5. Ceux de la Paphlagonie se sont métamorphosé en Capadociens. 6. Les Vénètes du nord sont devenus les Slaves. 7. Les Slaves de la Rufsie se sont afsimilé par la conquête un grand nombre des peuplades Tschoudes. 8. Mais le nom de Riphat a toujours été en usage dans l'Orient. Et la preuve en eft que Rabbi Goar auteur de la version Arabe de l'ancien Testament, qui ne donnoit dans aucun systéme et vivoit à Bagdad dans le neuvieme Siecle, a traduit Riphat par Séklab. Qui chez les orientaux veut dire Slave. 9. Observez cependant que les Riphat, bien qu'ils fussent une branche des Gomèrs ou Celtes, tenoient aussi de la race que la Génése appelle Madai, et il en étoit de même des Aschkanas ou Allemands. La preuve en est dans les Racines des langues respectives.

Je crois avoir poussé mes preuves jusques au plus haut dégré de probabilité; Pour les rendre plus complettes, il faudroit encore prouver que les Slaves, ne sont venus ni des Germains ni des Thraces ni des Sarmates, comme quelques auteurs de nos jours le prétendent encore. Mais Tacite qui connoifsoit bien les Thraces y trouve-t'-il quelque rapport avec les Vénèdes? Non sans doute, cependant il étoit curieux d'Origines comme tous les anciens. Il ne sait s'il doit mettre les Vénèdes au nombre des Germains ou des Sarmates; il trouve que par leur maniere de combattre ils se rapprochent des Germains. Toutes ces choses seront encore mieux dévéloppées dans les Chapitres suivants.

SUPPLEMENT AU SECOND CHAPITRE.

On trouve chez les anciens, et nommément dans Diodore de Sicile, quelques notions sur les Hyperboréens qui étant trop vagues, ou trop romantiques, ne peuvent servir à notre instruction. C'est pourquoi je les passe sous silence.

On en trouve d'autres que je n'aurais pu rapporter qu'en les accompagnant de notes très étendues. Tel eſt un passage de Pline, où cet auteur confond les Arym-phéens avec les Argipéens ou *Oisifs* d'Hérodote, et il leurs attribue l'oïſiveté et les têtes pelées.

Cependant je ne dois point taire qu'un passage d'Hé-rodote semble prouver que les Hénètes de l'Adriatique étoient des Illyriens, mais que prouve ce passage? Les Il-lyriens ne tenoient à aucune race de peuple connu. Si donc les Hénètes du tems d'Hérodote avoient des rap-ports avec les Illyriens, il s'en suit que ces peuples que nous regardons comme Aborigénes, étoient une an-cienne colonie Slave, plusieurs noms propres d'hommes et de lieu viennent à l'appui de cette opinion. Au reste il s'agit ici des anciens habitants de l'Illyrie, car les Eslavons actuels y sont venus du tems de l'Empé-reur Héraclius comme on peut le voir dans Constan-tin Porph.

CHAPITRE III.
Origines Lithuaniennes ou Celto - Scythiques.

Je commencerai par des notions préliminaires sur les Celtes, en général, en prevenant mes lecteurs qu'il ne s'agit point ici d'opinions qui me soyent particulieres, et qu'au contraire celles que j'enonce sont aujourd'hui adoptées par la plus part des Savants.

1. . . . Aujourd'hui les Ecofsois appellent leur langue savante le Gallique, mais les Gallois appellent la leur Kymraék.

2. . . . Ces mêmes Gallois sont appellés par les Anglois Wels. La province voisine, appellée par les Latins Cornua - Galliae en François Cournouailles, est appellée par les Anglois Corn-Wal.

3. . . . Les Gaulois habitués près des Belges sont appellés par eux les Valons.

4. . . . Les Italiens sont appellés par les Allemands Welsch et par les Slaves Wlochy.

5. . . . Les Valaches qui sont des Thraces - Daces devenus Latins, sont appellés par les Slaves Wolochy.

6. . . . Le Gaulois que l'on parle aux gorges des Alpes (ad Cautes) est appellé par les Allemands Cauter-Welsch.

7. . . . Les Souabes et en particulier ceux de la Forêt Noire donnent le noms de Welsch aux Francs - Comtois leurs voisins.

8. . . . Les Auteurs Norvégiens et Islandois appellent Walland tout pays de l'Europe qui n'est ni Grèc, ni Tudesque, ni Slave.

9. . . . . On voit donc que *Wal*, *Oual*, est le veritable nom. Mais les Grècs prononçoient le G. comme les Grècs modernes le prononcent encor aujourd'hui. Ce qui fait presque le Wal des Anglois, et les Romains ayant aufsi écrit par G. le Walli est devenu Galli.

10. . . . . Sous le nom de Galli, les Romains comprenoient les habitants de la Gaule plus ceux du nord de l'Italie , plus les Bretons insulaires.

11. . . . . Sous le nom de Celtes, ils comprenoient les peuples susdits, plus les Iberes et Celtiberes d'Espagne, plus quelques peuples des Alpes, plus les Celto-Scythes. Ainsi cette dénomination plus étendue que celle de Galli revient à peuprès au Wallandar des Norvègiens.

12. . . . . Les plus anciens Géographes Grecs, ne connoissoient dans l'occident que des Celtes et des Celto-Scythes. Strabon le dit positivement d'Ephore et des autres anciens Géographes. Ce qui donneroit au noms de Celtes la même extension que Flavien Joseph donne au nom de Gomer lorsqu'il dit: „Les fils de Japhet avoient d'abord habité les monts Taurus et Amanus, ensuite ils se sont étendus au nord jusques au Tanaïs, et à l'occident jusques aux Gades."

13. . . . . Fils de Japhet veut-dire en Hebreu fils du Dilaté — de l'étendu. Dans la Génèse il y a Ve Japhet Elohim l'ou Japhet. — Ce que la Vulgate traduit par Dilatet Deus Japhet — Certes cette race s'étoit bien étendue, puisqu'en clafsant par les numériques, nous avons mis les Bramines dans la classe Européenne.

14. . . . . La Génèse prend Gomer dans un sens très étendu, elle y entend les très anciens Celtes, grande Nation de laquelle

se sont détaché, les Riphats ou Slaves, 2. les Afchkanaz ou Germains, 3. les Thogarma.

15. . . . Mais je ne crois point qu'Ezéchiel entendit cette grande nation, lorsqu'il dit au Roi des Scythes: „Gomer eft avec toi., — Je crois que par Gomer il n'entendoit que les Kimérioi qui précisément alors ravageoient l'Asie mineure.

16. . . . Flavien Joseph dit que les Gomer sont les Galates ou Gaulois, mais les Gallois appellent encore leur ancienne langue Kimraék, ce qui ne s'éloigne pas du Kimérioi des Grècs.

17. . . . Diodore de Sicile dit: „On appelle Celtes les peuples qui habitent au-deſsus de Marseille. Entre les Pirénées et les Alpes. Mais ceux qui demeurent au nord de la Celtique le long de l'océan sont appellés Gaulois, cependant les Romains donnent indifféremment ce nom aux vrais Gaulois et aux Celtes. . . On prétend que les Cimériens qui ont ravagé toute l'Asie, et que depuis par corruption l'on a appellé Cimbres sont les mèmes que les Gaulois dont nous parlons.

Conclusion.

De toutes ces notions je conclus à dire que les Cimériens étoient des Celtes. D'abord ils ont composé toute la nation Celte. Ensuite le nom de Cimériens n'a plus été donné qu'au petit peuple des Treres qui a ravagé l'Asie. Cette opinion eft aujourd'hui presque généralement adoptée. Les Cimériens appellés ainsi par les Romains, étoient appellés Kimérioi par les Grècs et Gomer par les Hébreux.

SECONDE PARTIE DU CHAPITRE TROISIEME.

Ici je traiterai de cette partie des Gaulois que les anciens ont appellé Celto-Scythes, et que je regarde comme les Peres ou Ancêtres des Lithuaniens, qui ne sont eux mêmes qu'une branche de la nation que les Germains ont appellé Est-Wohners. Et que les Romains ont d'après les Germains appellé Estivons, et Estyens.

18. . . . Texte de Tacite.

Je reviens à la mer Suévique, où l'on trouve à la droite les Estyens, qui vivent et s'habillent comme les Suèves, mais dont la langue refsemble plutôt à celle des Bretons.

COMMENTAIRE.

Des peuples de Scythie qui parlent une langue ressemblante au Breton méritent surement le nom de Celto-Scythes. Mais qui étoient les Estyens à la droite des Sueves? Tout le monde sait que c'étoient les anciens Prussiens. Tout le monde sait aussi que les Letes étoient de la même race que les Prussiens.

Si l'on examine la langue des Lithuaniens on trouve qu'elle ressemble plutôt à celle des Bretons qu'à la langue des Sueves et que même elle y ressemble beaucoup. Le mot Mergu-Zèla (jeune fille qui fait le refrain d'une chanson lithuanienne très connue. Ce mot di-je est Celtique ou Breton, et il y en a beaucoup d'autres. Le Lete est proprement une langue, qui tient au Breton, au Latin, et au Grèc. Mais surtout au Latin, ce qui doit faire penser que les Celto-Scythes ancêtres des Lithuaniens, ont tenu de très près aux Celtes-Ombriens qui ont peuplé l'Italie.

Du tems de Ptolomée les Vénètes occupoient encore le Golphe Vénédique, les Veltes, Vyltes, Veletabi, Wilzi, étoient Slaves. Lorsque les Bourguignons, les Sueves, les Vandales, les Francs eurent passé duns les Gaules, l'Espagne et l'Afrique. Alors dis-je l'Allemagne est restée presque déserte. Alors aussi les Wilzes et les autres Slaves y sont entré. Et les bords du Golphe Vénédique abandonnés par les Slaves furent occupés par les Letes.

Les Slaves furent ensuite chassés de l'Allemagne par les Thuringiens unis aux Saxons et ils tombérent sur les frontieres de l'Empire Grèc.

Vers le même tems, les Roxolans sont allé s'établir sur le Niemen et les Sarmates Jadzwings en Podlachie tout au milieu des Letes.

Les Roxolans ont été connus sous le nom de Rouza Leïn, Ruzi, et Varags russes. Les Jadzigs ont été détruits par les Polonois qui les appelloient Jadzwingi, et les Russes Jatwagi.

Mais les Letes homogenes aux Estyens, ont-ils pu être des Sarmates ? Non sans doute ils étoient un peuple Celtique.

Strabon dit que les plus anciens Géographes postérieurs à Homere ont parlé des Celtes-Scythes. Les Lithuaniens sont des Celtes de Scythie, ils sont donc des Celto-Scythes. Il semble donc qu'on doive regarder comme un ouvrage absolument nul, le mémoire d'ailleurs savant qui a paru à Gottingue sous le titre de, de *Sarmatica Lithuanorum Origine.*

Maintenant j'en viens à un passage important de Plutarque, et qu'il est sur-tout important de bien comprendre.

19. **Texte de Plutarque trad. d'Amyot, vie de Camille.**

Or quand aux Gaulois, il étoient comme l'on dit de la nation Celtique les quels n'étant pas leur pays suffisant pour les nourrir, et soutenir leur multitude, en étoient sortis pour chercher autres terres à habiter, et il y avoit entre eux plusieurs mille de jeunes hommes de service et bons combattants. Mais encore plus de femmes et de petits enfants, et d'eux les uns se jetterent du côté de l'Océan Septentri nal et passerent les monts Riphéens, et occuperent les extrémités de l'Europe.

COMMENTAIRE.

L'Océan septentrional indique les Prussiens et les Lituaniens, et non pas les Bojens, comme l'a cru le Comte de Buat. Ce savant donne une étymologie spécieuse, il fait venir Riphat de Raphaim et sur cette ressemblance qui n'en est point une dans l'Hebreu, il met les monts Riphéen, au Kiésen-Geburge en Silesie. Mais comme je l'ai dit ces deux mots ne peuvent être confondus ni venir l'un de l'autre selon le génie de la langue Hebraïque et les Bojens étoient bien des Celtes, mais pas les mêmes.

20. . . . . Suite du Texte.

Les autres s'arretent entre les monts Pirénées et les grands monts des Alpes, près des Senoniens et des Celtoriens, où ils demeurent longtems. Jusqu'à ce qu'à la fin il leurs advint de gouter du Vin qui premier leurs fut apporté d'italie. Dont ils trouverent le breuvage si bon, et furent si transportés du désir et volonté d'en boire, que soudainement ils prirent les armes et amenerent leurs femmes et leurs enfants. Prenant leur chemin vers les Alpes pour aller chercher le pays qui produit un tel fruit estimant toute autre terre sterile et sauvage.

Conclusion.

Les derniers Celtes sont les Gaulois qui ont conquis l'Italie, et les prémiers qui ont passé les monts Riphéens sont les Celto-Scythes des anciens Géographes dont descendent les Lithuaniens qui sont des Celtes de Scythie, donc des Celto-Scythes. Leur langue se divise en quatre Dialectes, le Courlandois, le Lete, le Latych et le Prussien qui est une langue morte. Ces quatre Dialectes ressemblent plus au Breton qu'à l'Allemand comme l'a observé Tacite, mais dans les racines ils se rapprochent du Latin, qui est le Celte Ombrien. Aussi Tacite ne dit point que la langue des Estyens est la même que le Breton, mais seulement qu'elle y ressemble plus qu'au Sueve.

CHAPITRE IV.
Origines Gétes ou Valaches.

1. Texte d'Hérodote.

Les Thraces sont après les Indiens la plus nombreuse des nations. Chaque peuplade a un nom, mais elles ont toutes les même moeurs à l'exception des Gètes et des Trausiens, qui demeurent au-defsus de Chrestone.

COMMENTAIRE.

On voit bien qu'il s'agit ici des l'une des grandes Races humaines. Or la prémiere mention de celle-ci se trouve dans la Génèse sous le nom de Thyras, et Flavien Joseph nous apprend, que par Thyras, les Hébreux entendoient les Thraces ou Thréíces.

Cependant il est remarquable que ce nom de Thyras soit précisément celui du fleuve Dniester, mais c'est une preuve de plus, car les bords du Thyras étoient habités par les Tyri-Gètes, ou Gètes du Thyras qui étoient aussi un peuple Thrace, puisqu'Hérodote a dit ci-dessus : ,,Tous les Thraces à l'exception des Gètes.

Homère n'a point parlé de Gètes. Mais bien d'un peuple septentrional, qu'il appelle Abiens. C'est-à-dire les Non-Vivants. Et il les qualifie du beau titre des plus justes de tous les hommes.

Hérodote parle de Gètes Immortalisants, qu'il dit être les plus justes de tous les Thraces, enfin Strabon dit que les Abiens étoient Thraces.

De tous ces passages nous pourrons conclure ce me semble que les Thyras de la Génèse, les Gètes du Thyras, les Abiens et les Gètes immortalisants n'étoient qu'un seul et même peuple qui faisoit partie de la grande nation des Thraces, ce qui est encore confirmé par le passage suivant.

2. Texte de Strabon.

De nos jours Aelius Catus a transporté en Thrace cinquante mille Gètes de ceux qui demeuroient au-delà de l'Ister et ils parloient la langue des Thraces. Les Gètes et les Daces parlent la même langue.

COMMENTAIRE.

Strabon a curieusement recherché toutes les peuplades Thraces qui subsistoient encore de son tems, mais il ne lui est point venu dans la pensée d'en faire des Germains, non plus qu'à Tacite, ce qui suffit pour démentir l'opinion que quelques savants d'Allemagne se sont formée à cet égard. Au tems de Tacite les Thraces s'étoient presque fondus dans les Légions Romains. Mais il y avoit des Daces qui pouvoient servir à la comparaison.

Je sais aussi un écrivain qui fait descendre les Slaves des Daces. Mais si l'on réflechit que Tacite est embarrassé, ce qu'il fera des Vénèdes, et s'il en fera des Germains ou des Sarmates, et qu'il ne pense pas aux Daces ni aux Thraces, on doit ce me semble se bien garder d'un rapprochement qui ne lui étoit pas seulement venu à l'ésprit à lui qui travailloit si fort ses ouvrages.

Mais nous avons encore un reste des Daces, et ce sont les Valaches qui parlent encore aujourd'hui la langue des Armées Romaines, que l'on appelloit Trecisce Loqui.

A la vérité il y est entré un grand nombre de mots Slaves, et quelques Albanois. Mais outre ces mots empruntés et les mots Latins, on trouve encore dans cette langue, des rapports directs avec d'autres langues Japhètiques. Ce qui est une grande preuve d'originalité. Par exemple: les numériques sont Latins, cependant nous y voyons Pétor; *quatre* qui est Celtique, et n'a pas pu entrer dans le Valache par le Latin. — Il y a beaucoup d'autres mots dans le même cas.

Conclusion.

Je dis donc que les Thraces doivent être considérés comme une grande division de la classe que j'ai appellée Japhétique ou Européenne. Je dis encore que les Juifs avoient donné aux Gétes le noms de Thyras et qu'ils ont pris ce nom des Phéniciens. Les quels selon Ammien Marcellin avoient fondé Thyras sur le Dniester.

CHAPITRE V.
Origines Sarmates.

Je m'attacherai principalement dans ce Chapitre à diftin-
guer les Sarmates des Tartares auquels il ressembloient beaucoup par les habitudes nomades.   C'est pourquoi je commencerai par les observations suivantes.

1. . . . Magog dans la Génèse est un enfant de Japhet, et
je ne vois rien de Japhétique dans la langue des Tartares.
Tandis que toutes les langues Japhétiques ont entr'elles des
rapports frappants, même celles du fond de la Perfe.

2. . . . Les Orientaux attachoient à Magog l'idée d'un peuple habitant au nord du Caucase. Ce peuple habitant au
nord du Caucase, les Grecs l'appelloient Majotai ou Méotes.
Scymnus de Chio dit que les Méotes étoient les ancêtres
des Sarmates, or les Sarmates n'étoient point des Tartares.

3. . . . Mais il y avoit déjà des Tartares sur le Méotis et
Homere les distingue par un Caractère auquel on ne peut
se méprendre. Il les appelle Hippomolgues ou gens qui
ont la coutume de traire des jumens, et il les diftingue
d'avec d'autres nomades, qu'il appelle simplement Galactophages ou mangeurs de lait. Notez qu'alors les noms des
Scythes et Sarmates n'étoient point en usage ni même connus. Voilà ce me semble trois points bien établis, et j'ose
le dire prouvés. Pafsons maintenant à la premiere mention
historique sur les Scythes Magogs.

4. . . . Texte de Trogue Pompée.

Deux jeunes Scythes du sang royal Ilinus et Skolopitus,
furent exilés de leur pays par la faction des grands et entrai-

8

nerent avec eux beaucoup de jeunes gens, il s'établirent près du rivage de la Capadoce, près du Termodoon et occuperent les campagnes de Themiscire. Là pendant plusieurs années, ils exercerent toutes sortes de brigandages sur les peuples voisins. Enfin les peuples des environs s'étant ligués entr'eux les firent tous périr. Leurs femmes, se voyant veuves, prirent les armes d'abord pour se défendre, puis pour attaquer.

COMMENTAIRE.

Ici nôtre auteur fait toute l'histoire des Amazones, jusques à leur défaite, et nous trouverons dans Hérodote un récit curieux sur les avantures de quelques unes de ces femmes, qui échapperent à la destruction de leur Patrie.

5. . . . Texte d'Hérodote.

Quand aux Sauromates voici ce que l'on en dit. Lorsque les Grècs eurent combattu, contre les Amazones, que les Scythes appellent Ayor - Pata. Nom que les Grècs rendent dans leur langue par celui d'Androchtones (ou tueuses d'hommes) car Ajor en langue Schythe veut dire homme et Pata tuer. Lors dis-je qu'ils eurent combattu contr'elles, et qu'ils eurent remporté la victoire sur les bords du Thermodoon. On raconte qu'ils emmenerent avec eux dans trois Vaissaux, toutes celles qu'ils avoient pu faire prisonnieres. Lorsqu'on fut en plaine mer elles attaquerent leurs vainqueurs et les taillerent en pièces. Mais comme elles n'entendoient rien à la maneuvre et qu'elles ne savoient pas faire usage du gouvernail, des voiles, et des rames. Après qu'elles eurent tué les hommes, elles se laisserent aller au gré des flots et des vents, et aborderent à Cremnes sur le palus Méotis. Crêmnes est du pays des Scythes libres. Les Amazones étant descendues de leur Vaisseau en cet endroit avancerent par le milieu des terres habitées, et s'étant emparée du premier haras qu'elles rencontrerent sur leur route, elles monterent à cheval et pillerent les terres des Scythes.

COMMENTAIRE.

Je me sers ici de l'excellente et mémorable traduction de Mr. Larcher. Mais comme il s'y agit de choses que je sais bien, je me donnerai la liberté de toucher à ses notes et même à son texte. D'abord voici ce que j'observerai: Aior en langue Scythe homme. Vient de *Air*, *Er* qui a la même signification dans toutes les langues Tartares. Pata, tuer est une Onomatopée.

Voilà donc les Amazones Ayor-Pata qui arriverent dans le palus et aborderent aux Crêmnes, dans le pays des Scythes libres. Crêmnes en Grèc veut dire les lieux escarpés. Or sur toute la mer Méotide, il n'y a point de rivage escarpé, excepté au dessus de Jenikale en Krimée. Ainsi le lieu du débarquement est ainsi fixé. Par Scythes libres je ne sais s'il faut entendre les Basiliens qui n'étoient soumis qu'à leurs propres Rois, et qui commandoient aux autres hordes ou les nomades qui n'avoyent point des Rois, mais qui étoient en quelque sorte soumis aux Basiliens. C'est la seule fois qu'Hérodote se sert de cette expression de Scythes libres. Au reste observez que c'étoit du tems d'Hérodote, qu'il y avoit des Scythes libres autour des Crêmnes, car du tems des Amazones il y avoit là des Hyppomolgues ou nomades. Les Basiliens n'étoient pas encore en Europe.

Voici donc les Amazones venues sur terre ennemie à savoir chez les Hippomolgues ou Nomades qui sont les Nogais d'aujourd'hui. Comme l'on verra ci-après, et en attendant que l'on en puisse juger par l'ensemble de l'histoire. Je dirai si non comme une preuve, au moins comme une présomption que selon la tradition des Amazones *Emetsch*, conservée dans les chansons des Troubadours Circassiens, il est dit qu'elles ont fait la guerre contre Toul Prince des Nogais.

Les Amazones s'emparerent du prémier haras qu'elles trouvent, c'est encore ce qui arrive tous les jours chez les nomades lorsqu'ils se trouvent démontés; et j'en ai vu des exemples qu'il seroit superflu de rapporter ici.

6. . . . Suite du Texte.

Les Scythes ne pouvoient deviner qui étoient ces ennemis dont ils ne connoissent ni la langue, ni les habits.

COMMENTAIRE.

Si les Scythes ne connoissent ni la langue ni les habits des Amazones ; il s'en suit qu'elles étoient d'une race étrangere et differente, et d'ailleurs nous avons des preuves que les Amazones étoient de la race de Magog ou Méote, et les Hippomolgues étoient des Nogais.

7. . . . Suite du Texte.

Ils ignoroient de quelle nation ils étoient, et dans leur surprise ils n'imaginoient pas d'où ils venoient. Ils les prirent d'abord pour des jeunes hommes tous du même age et dans cette idée ils leur livrérent bataille mais réconnurent par les morts restés en leur pouvoir, après le combat, que c'étoient des femmes. Ils résolurent dans un Conseil tenu à ce sujet de n'en plus tuer aucune. Mais de leurs envoyer les plus jeunes d'entr'eux, en aussi grand nombre qu'ils conjecturoient, qu'elles pouvoient être, avec ordre d'assoir leur camp près des Amazones, de faire les mêmes choses qu'ils leurs vérroient faire, de ne pas combattre quand memes elles les attaqueroient, de s'approcher et de camper prés d'elles lorsqu'elles cesseroient de les poursuivre, les Scythes prirent cette résolution parce qu'ils vouloient avoir des enfants de ces femmes Belliqueuses.

Les jeunes gens suivirent ces ordres, les Amazones ayant réconnu qu'ils n'étoient point venu pour leur faire du mal les laisserent tranquilles, cependant les deux camps s'aprochoient tous les jour de plus en plus. Les jeunes Scythes n'avoient comme les Amazones que leurs armes et vivoient comme elles de leur chasse et du butin qu'ils pouvoient enlever. Vers l'heure du midi les Amazones s'éloignoient du camp, seules ou deux à deux. Les Scythes s'en étant apperçu firent la même chose. Un d'entr'eux s'approcha d'une des Amazones isolées, et celle-ci loin de le repousser lui accorda ses faveurs. Comme elle ne pouvoit pas lui parler parce qu'ils ne s'entendoient pas l'un l'autre, elle lui dit par signe de revenir au même endroit le lendemain avec un de ses compagnons et qu'elle ameneroit aussi une de ses Compagnes. Le jeune Scythe de retour au camp y raconta son aventure. Et le jour suivant il revint avec un autre Scythe au même endroit, où il trouva l'Amazone qui l'attendoit avec une de ses compagnes.

COMMENTAIRE.

On voit encore ici que les Scythes ne comprenoient pas les Amazones, et qu'ils étoient obligés de leurs parler par signes. Voyez le commentaire précédent.

8. .... Suite du Texte.

Les autres jeunes gens instruits de cette avanture, apprivoiserent aussi le reste des Amazones, et ayant ensuite réuni les deux camps ils demeurerent ensemble, et chacun prit pour femme celle dont il avoit d'abord eu les faveurs. Ces jeunes gens ne pouvoient apprendre la langue de leurs compagnes, mais les Amazones apprirent celle de leurs maris: et lorsqu'ils commencerent à s'entendre, les Scythes leur parlerent ainsi: „Nous avons des Parents, nous avons des biens, menons une autre vie. Réunissons nous au reste des Scythes et vivons avec eux. Nous n'aurons jamais d'autres femmes que vous.

„Nous ne pourrions pas répondirent les Amazones demeurer „avec les femmes de votre Pays. Leurs coutumes ne ressem„blent en rien aux notres. Nous tirons de l'arc, nous lançons des „javelots. Nous montons à cheval et nous n'avons points appris

„les ouvrages de notre sexe. Vos femmes ne font rien de ce
„que nous venons de dire et ne s'occupent qu'à des ouvrages
„de femmes. *Elles ne quittent point leur chariots,* ne vont point
„à la chasse: ni même nulle part ailleurs nous ne pourrions
„par conséquent jamais nous accorder ensemble. Mais si vous
„voulez nous avoir pour femmes et montrer de la justice, aller
„trouver vos peres. Demandez leur la partie du bien qui vous
„appartient. Revenez après l'avoir reçue, et nous vivrons en
„notre particulier.

COMMENTAIRE.

Monsieur Larcher fait ici l'observation suivante: „Les chariots te-
„noient aux Scythes lieu de maisons, or tout le monde sait, qu'en
„Grece les femmes sortoient rarement mais j'ai bien peur, qu'Héro-
„dote n'ait attribué aux femmes Scythes les moeurs des Grecs.

Monsieur Larcher n'a point assez consulté les voyageurs. Il au.
roit vu dans leurs rélations, que le chariot étoit la demeure habituelle de la femme chez les Nogais, et ces femmes menent une vie plus
retirée que n'étoient celles des anciennes Grecques. Bajazid Beg,
Prince des Nogais de Sut-Sou, m'a assuré, que dans sa jeunesse
l'usage subsistoit encore, de loger la fille ainée dans le chariot Guilderga, et que lorsque celle-ci étoit mariée, une autre prenoit sa
place. Cependant pour que l'on n'en soit pas reduit à m'en croire
sur ma parole, je vais rapporter ce que l'on trouve sur ce sujet dans
l'un des meilleurs Voyageurs du siècle dernier.

9. Texte de Tavernier.

Ces peuples n'ont point de maisons, et ils n'habitent
que sous des tentes ou dans des chariots, qu'ils traînent partout où ils se transportent Les tentes sont pour les vieilles
gens et les petits enfants avec les esclaves qui les servent.
Les jeunes femmes ont chacune leur chariot bien fermé avec
des ais, et du côté qu'elles veulent avoir de l'air, elles ouvrent une petite fenêtre faite comme une jalousie. Il leur
est permis le soir, d'aller pour quelque tems dans les tentes.
Dès que les jeunes filles ont atteint l'âge de onze à douze

ans, elles ne sortent plus de leurs chariots, qu'elles ne soyent mariées, non pas même pour satisfaire aux besoins de la nature. Il y a dans le fond du chariot une planche, qui se lève, et si c'est en un lieu, où l'on soit campé, un esclave vient incontinent le nettoyer. On reconnoit le chariot d'une fille aux fleurs, dont il est peint, et d'ordinaire il y a un chameau lié auprès, qui est aussi barbouillé de diverses couleurs avec plusieurs bouquets de plumes sur la tête.

10. Texte de Pery, Voyageur Anglois.

Lorsque les Tartares vont d'un endroit à un autre, ils mettent leurs femmes et leurs enfants sur des machines couvertes, soutenues de deux grandes roues d'environ huit pieds de diamètre, et dont la largeur est proportionnée à la hauteur de sorte, qu'ils peuvent aisement traverser des petites rivières. Ils demeurent dans ces machines aussi bien que dans leurs tentes.

COMMENTAIRE.

Il est vrai, que ces grands chariots surnagent comme des radeaux, et sont conduits par des boeufs nageants aussi, ce qui offre un spectacle assez singulier, dont j'ai été temoin plusieurs fois.

Or donc les Amazones avoient raison, de dire aux jeunes Scythes Hyppomolgues ou Nogais: Vos femmes passent leur vie dans des chariots. Mais chez les Sarmates, Méotes ou Messagetes les femmes combattoient, et voilà pourquoi les Amazones, qui étoient de cette race, voyant leurs maris tués par les peuples de l'Asie mineure, n'eurent pas de peine, à prendre les armes d'abord pour leur défense, et ensuite pour attaquer, comme le dit Trogue Pompée. Mais poursuivons.

11. Suite d'Hérodote.

Les jeunes Scythes persuadés firent ce que demandoient leurs femmes, et lorsqu'ils eurent recueillis la portion de leur patrimoine, qui leurs revenoient, ils les rejoignirent. Alors

elles leurs parlèrent ainsi: „Après vous avoir privé de vos pè-
„res, et après les dégats que nous avons fait sur vos terres,
„nous en craindrions les suites, s'il nous falloit demeurer dans
„ce pays. Mais puisque vous voulez bien nous prendre pour
„femmes, sortons en tous d'un commun accord, et allons nous
„établir au delà du Tanais.“

COMMENTAIRE.

Voici la Géographie de ces événements. Les Amazones débarquent en Crimée au dessus de Jenikale.

Elles suivent les côtes du Palus, et gagnent le continent soit par Pérécop soit par Jéniczey.

Puis elles suivent encore les côtes du Palus jusque vers la Berda, et c'est là qu'a lieu leur entrevue avec les jeunes Scythes, Hyppo-molgues ou Nogais. — Suivons.

12. Suite du Texte.

Les jeunes Scythes y consentirent, ils passèrent le Tanaïs, et ayant marché trois jours au levant, et autant depuis
le Méotis vers le nord, ils arrivèrent dans le pays, qu'ils habitent encore maintenant, et où ils fixerent leur demeure. De
là vient, que les femmes des Sauromates ont conservé leurs
anciennes coutumes. Elles montent à cheval et vont à la
chasse, tantôt seules et tantôt avec leurs maris. Elles les accompagnent aussi à la guerre et portent les mêmes habits
qu'eux.

COMMENTAIRE.

Les femmes guerrières étoient plus anciennes que les Amazones, et toutes les femmes Méotes avoient les mêmes mœurs.

13. Suite du Texte.

Les Sauromates font usage de la langue Scythe, mais
depuis leur origine ils ne l'ont jamais parlé avec pureté. Parce que les Amazones ne la savoient qu'imparfaitement.

COMMENTAIRE.

Hérodote a trouvé chez nous les Scythes Skolotes, qui y étoient arrivés vers 600 avant J. C , et qui étoient de la race Turque comme les Hyppomolgues. Ainsi la langue des Scythes Hyppomolgues étoit Turque, mais celle des Amazones étoit différente dans l'origine. Ce n'est pas la seule fois, que l'on a vu chez des petits peuples les hommes parler une langue, et les femmes une autre, la chose a eu lieu chez les Caraïbes, voici ce que l'on trouve là-dessus dans la rélation de La Borde, imprimée à Paris 1684.

„De vieux sauvages m'ont dit: qu'ils descendoient des Galibis „de terre ferme, voisins des Alouagues, leurs ennemis, parce que la „langue, les moeurs et la réligion ont beaucoup de conformités avec „les leurs, et qu'ils avoient entièrement détruit une nation de ces „îles à la réserve des femmes, qu'ils prirent pour eux, et que c'est „le sujet, pourquoi la langue des hommes n'est pas semblable à celle „des femmes en plusieurs choses.“

Ce qui a eu lieu en Amérique, peut aussi être arrivé en Sarmatie chez les Sabins, et ailleurs. L'Amérique a aussi eu ses Amazones. C'étoient des femmes, qui suivoient leurs maris à la guerre.

14. Suite du Texte.

Quand aux mariages ils ont réglé, qu'une fille ne pourroit se marier, qu'elle n'eut tué un ennemi, aussi y en a-t-il qui ne pouvant accomplir la loi, meurent dans un grand âge sans avoir été mariées.

CONCLUSION DE LA PREMIERE PARTIE DE CE CHAPITRE.

A l'origine des tems historiques il y a au nord du Caucase un peuple, appellé Magog par les Hébreux, Majouge par les Arabes, Majotai par les Grecs, Meotae par les Latins. Un peuple Japhétique, Nomade à la vérité comme les Tartares, mais différent en bien des points. Chez ce peuple les femmes alloient à la guerre. Ce peuple détacha une colonie en Asie mineure sous les ordres d'Ilinus et Skolopitus.

De ce détachement les hommes ayant péri dans une

ambuscade, leurs femmes continuèrent la guerre avec quelque succès. Enfin elles furent détruites et dispersées par les Grecs. Alors un reste de ces femmes retourna par mer non pas dans son pays, mais à l'ouest du Tanaïs chez les Hippomolgues ou Nogais. Ensuite elles passèrent avec leurs maris de l'autre côté du fleuve, où elles formèrent une petite nation, qui parloit le Nogais, mais qui par les femmes tenoit à la grande nation des Méotes, qui est celle, que nous allons retrouver bientôt sou· le nom de Massagetes.

Qu'on ne me reproche point d'avoir traité sérieusement l'histoire des Amazones. Strabon, qui doutoit de tout, dit: que leur histoire est incroyable, et que cependant il n'y en a point de mieux constatée. Sûrement il est impossible, que les Amazones ayent jamais formée une nation dans le sens, qu'on y attache aujourd'hui. Aussi en étoient elles bien loin, toute leur puissance a été détruite par une armée grecque, venue dans neuf chaloupes, à juger de leur nombre par celui des vainqueurs, il ne devoit pas aller à plus de quelques centaines. Cependant leurs repaires sont devenus depuis des villes fameuses, qui passent pour avoir été fondés par les Amazones. L'Asie mineure de leur tems étoit presque déserte, et n'avoit pour habitants que quelques Barbares, Teukriens, Cariens et Lyciens, mais les poëtes et les sculpteurs ont amplifié ce sujet.

Quand au nom de Sauromates toute l'antiquité le faisoit venir de Saurosommata yeux de Lesard, sur quoi il faut faire deux observations, la premiere c'est que les yeux des Lésards ressemblent beaucoup à ceux des Nogais ou Kalmouks, puisqu'ils ont le globe proéminent et fendu transversalement.

La seconde observation est, que ce caractère d'yeux se perpétue, et reparoit dans les familles, dans lesquelles il y a

eu des pères et des mères tartares. C'est un fait, et j'en ai
eu des preuves chez les Kozaks du Wolga, qui se sont souvent allié aux Kalmouks. Il n'est donc pas surprenant, que
ce peuple peu nombreux, dont les pères étoient Nogais, ne
fut distingué par ses yeux de lésaid de tous les peuples environnants. Ces Sauromates furent cause, que les Grecs donnerent le nom de Sauromatie à tout le pays, qui est à l'est du
Don, et des peuples d'une origine toute différente furent appellés Sauromates, parce qu'ils habitoient la Sauromatie.

SECONDE PARTIE DU CHAPITRE CINQUIEME.

15. Texte d'Hérodote.

Passons aux usages des Massagetes. Ils épousent chacun une femme, mais elles sont communes entr'eux. C'est
chez les Massagetes que j'observe cette coutume, et non point
chez les Scythes, comme le prétendent les Grecs.

COMMENTAIRE.

Voici encore les Massagetes bien distingués des Scythes, quoique
Nomades tous deux et vivants dans des chariots.

16. Suite du Texte.

Lorsqu'un Massagete devient amoureux d'une femme, il
suspend son carquois à son chariot, et en jouit sans honte et
sans crainte. Ils ne prescrivent point de bornes à la vie. Mais
lorsqu'un homme est cassé de veillesse, ses parents s'assem-
blent et l'immolent avec le bétail. Ils en font cuire la chair,
et s'en régalent. Ce genre de mort passe chez ce peuple
pour le plus heureux. Ils ne mangent point celui, qui est
mort de maladie, mais ils l'enterrent et regardent comme un
malheur, de ce qu'il n'a point été immolé. Ils n'ensemen-
cent point la terre, et vivent de leurs troupeaux, et des pois-

sons que le Jaxarte leurs fournit en abondance. Le lait est leur boisson ordinaire.

COMMENTAIRE.

Il semble que l'on reconnoisse ici les Galactophages d'Homere. Qu'il distingue toujours des Hippomologues.

17. . . . Suite du Texte.

De tous les Dieux ils n'adorent que le soleil. Ils lui sacrifient des chevaux, parce qu'ils croyent juste d'immoler au plus vîte des Dieux le plus vîte des animaux.

COMMENTAIRE.

Les Grècs écrivoient Mafsa - Gètes ou Gètes éloignès et voici une observation à faire là - dessus.

Lorsque les Grècs vinrent faire des établissements sur le Dniester et le Bog, ils y trouverent des Shuths ou Tschouds dont il sera parlé plus loin. Ils appellerent le pays Skuthie, et tous-les peuples qui vinrent par la suite sur le territoire de Skuthie furent appellés Skuth. Mais avant l'époque des établissements fixes, quelques navigateurs avoient déjà été dans nos provinces méridionales. Ils y avoient trouvé les Abiens d'Homere, qui étoient Gètes. Alors les Barbares plus reculés furent Mafsa - Gètes ou Gètes éloignés. Tyssagètes ou Gètes mobiles etc. De plus le nom de Gètes convenoit assez aux Méotes ou Magogs. Qui étoient aussi un peuple Japhètique. D'un autre côté les Mafsagètes ressembloient assez aux Scythes sur-tout par leur vie nomade.

Voici encore quelques observations à faire sur eux. Les Massagètes étoient armés de la hache d'arme appellée Sagaris, qui étoit comme l'on sait l'arme distinctive des Amazones.

Ils avoient des femmes dans leur Armée et ils étoient commandés par une femme dans leur guerre contre Cyrus. Il est vrais que Ktesias met Saces pour Mafsagètes, mais on sait que les Persans donnoient le nom de Saces à toutes les espèces de Scythes. Mais ceux contre les quels combatit Cyrus étoient bien des Mafsagètes.

Enfin ces Massagètes étoient étrangèrs aux bords du Jaxarte. Ils étoient venus de plus haut. Il me semble donc qu'ils étoient bien les Scythes, Magogs ou Méotes dont les Amazones étoient issues. Scythes Japhétiques et differentes des Tartares. Venons aux descendants des Amazones.

18. . . . . Texte d'Hyppocrate.

Il y a une race d'hommes Scythiques qui habitent autour du Palus Méotis, il different beaucoup des autres peuples, et on les appelle Sauromates. Leurs femmes vont à cheval, tirent de l'arc à cheval, et vont même dans la melée contre leurs ennemis tant qu'elle sont Vierges. Il ne leur est point permis de cesser d'être viérges, avant d'avoir tué trois ennemis. Leurs maris avant que de cohabiter avec elles, remplissent des devoirs sacrés que leurs prescrivent les rites de leur patrie. Celle qui se marie, n'est plus obligée de monter à cheval pour des expéditions, à moins que la nécessité ne force à armer tout le monde sans distinction, elles n'ont point de mamelle droite. Lorsqu'elles sont très petites, les meres la leur brulent avec un instrument d'étain fait exprés pour cela, moyennant cette opération toute la force entre dans l'épaule et le bras de la main droite.

D'ailleurs les Scythes se ressemblent entre eux mais ils different des autres nations. C'est ainsi que les Egyptiens se ressemblent entre eux. Mais la figure des uns est comprimée l'excès du chaud et la figure des autres par excès du froid.

COMMENTAIRE.

Hypocrate dit „Les autres Scythes ont la figure comprimée “ — C'est-à-dire les Nomades Hippomolgues ou Nogaïs et non pas pas les Sauromates. Ceux-ci donc n'avoient hérité de leurs peres que les yeux de lésard qui reparoissoient de tems en tems dans les générations successives.

19. . . . . Texte de Scylax de Cariandre.

Après le Tanaïs commence l'Asie, et la premiere des nations que l'on y trouve sur la mer est celle des Sauromates. Les Gunaico Cratumenes sont une nation des Sauromates.

COMMENTAIRE.

Gunaico - Cratumenes veut dire gouvernés par des femmes ce peuple étoit celui qu'avoit produit le mélange des Amazones et des Hippomolgues ou Nogaïs.

20. . . . . Suite du Texte.

Les Méotes sont limitrophes des Gunaico - Cratumenes.

COMMENTAIRE.

Ces Méotes ne sont point le grand peuple qui avoit donné son nom au Palus, au contraire c'étoient des petites peuplades très misérables qui vivoient de la pêche. Quelques-unes tenoient de la classe Caucasienne.

21. . . . . Suite du Texte.

Les Sintiens viennent après les Méotes, ils atteignent jusques hors de Palus, il y a chez eux les villes Grecques suivantes, Phanagori ville, Cepi ville, le port Sindique, Patha.

COMMENTAIRE.

Les Sintiens ou Sindes sont aussi au nombre des Méotes selon d'autres écrivains. Les Esclaves Scythes qui ont fait le fameux fossé étoient aussi de la même race.

22. . . . . Texte de Scimnus de Chio.

Le palus Méotide tire son nom de la nation Méote. Après les Sauromates viennent les Méotes, puis les Jazamates. Demetrius dit que ceux-ci ont donné leur nom au Palus Méotis. Ephore dit que ce sont les Sauromates.

COMMENTAIRE.

Si le Palus tire son nom de la nation Méote , et que les Sauromates ou les Jazmates ayent donné leur nom au palus Méotide. Il s'en suit qu'ils sont les Méotes eux mêmes. Les Majotai des Grècs, les Majouges des Arabes. Les Magogs des Hébreux Les Galactophages d'Homere. Enfin les Maisa-Gètes comme on verra encore plus clairement par la suite.

23. . . . Suite du Texte.

On dit qu'après les combats du Thermodoon les Amazones sont venues se mêler à ces Sauromates, et que de-là est venu à ceux-ci le nom de Gunaico-Cratumènes.

COMMENTAIRE.

C'est-à-dire selon moi que les Amazones, qui descendoient déjà originairement des Méotes sont revenues habiter parmis eux, avec leur epoux Nogaïs, qu'elles y ont fait une petite nation qui fut appellée Sauromate et donna son nom à toute la contrée. Cette nation toute petite qu'elle étoit, n'en etoit pas moins la plus considérable de toute la contrée. Car le gros de la nation Méote avoit passé à l'orient de la mer Caspienne, où, elle étoit connue sous le nom de Massagètes. Monsieur de Guignes nous apprend sur la foi des écrivains Chinois que vers le milieu du deuxieme siecle avant J. C. les Huns firent la guerre à un peuple appellé Yuechi, et il ajoute.

24. . . . Texte de Mr. Deguignes.

Les peuples Yue chi établis dans la Bactriane et le long du Gihon, ont aussi porté dans la suite le nom de Yeta, ou Yuétan. C'est-à-dire Gètes. Au moins selon les historiens Chinois, les Gètes sont des Hordes des Yue-Chi et des Kao-Tsché. Autres peuples Tartares. Ils venoient comme nous l'avons dit du pays des Ousïoun à l'occident de l'Irtis. Ils s'étoient établis au midi du Gihon, et avoient presque les mêmes moeurs que les Huns.

COMMENTAIRE.

Nous avons déjà observé que les Massagètes avoient presque les mêmes moeurs que les Tartares bien qu'ils fussent d'une race toute differente.

25. . . . Suite du Texte.

Leur réligion étoit celle de Fo ou Budha que plusieurs de nos écrivains ont crû être le même que le Wodin des peuples du Nord.

Sentiment qui paroit recevoir quelque appui de ce que nous venons de dire, de la migration des Gètes, et peut-être est-ce par le canal de ces peuples, que Wodin a été connu dans le nord, car on s'accorde assez à le faire venir de l'orient.

COMMENTAIRE.

J'ajouterai à ce passage du respectable de Guignes les observations suivantes. St. Epiphane regarde le Scythisme ou Barbarisme comme la plus ancienne réligion du monde, c'est dans cette réligion que les Dieux étoient appellés Asses par les peuples du Nord, et Aessar par les Etrusques originaires de l'Asie mineure, le Scythisme étoit la réligion des Scythes Méotes, que nous regardons comme les Ancêtres des Sarmates et non pas des Tartares; si l'on fait bien cette distinction on pourra lire avec fruit le très savant ouvrage de Danckarville.

Revenons aux Gètes éloignés ou Massa-Gètes. De Guignes nous apprend donc que les Huns, pressés par les Chinois presserent à leur tour les Gètes, et effectivement nous voyons qu'ils ont tous reflué vers l'Europe.

Depuis plus de trois siecles l'Empire des Scythes Skolotes, avoit été détruit par Philippe pere d'Alexandre, et leurs foibles hordes étoient éparses et inconnues. Mithridate qui ameutoit tous les Barbares contre Rome, poussa vers les frontiere de l'empire, les Sarmates Jazyges et nombre d'autre peuples nomades qui auparavan avoit fait partie des Massagèts ou Gètes éloignés, des Gètes mot biles, des Méotes etc. Mais comme les Sarmates étoient les plus proches des Romains. Ceux-ci donnerent à tout le pays le nom de Sarmatie, et à tous les habitants le nom de Sarmates. Et tel étoit l'état des choses, lorsque Strabon écrivoit sa Géographie.

TROISIEME PARTIE DU CHAPITRE CINQUIEME.

27. Texte de Strabon.

Pour ce qui est du pays, qui est entre l'Ister et le Borysthene. La première partie est le désert des Getes, puis viennent les Tyragetes, puis viennent les Sarmates Jazyges.

COMMENTAIRE.

Les auteurs les ont souvent appellés Jadzyges Methanastes, ou chassés de leur pays, ils étoient originaires des bords du Tanaïs, et une partie de leur langue paroit s'être conservée dans celle des Ossetes, qui sont les Sarmates Medes, les Jadzygs ont été appellé Idzwingi par les Polonois, et Kadlubek les appelle aussi Getes.

28. Suite du Texte.

Puis viennent les Scythes, que l'on appelle Royaux, et ceux que l'on appelle Laboureurs. La plûpart sont Nomades, et cultivent très peu la terre, ils changent souvent de place, et se montrent tantôt de ce côté de l'Ister et tantôt de l'autre.

COMMENTAIRE.

Les Scythes Royaux étoient de la classe turque ou tartare, j'en parlerai dans le chapitre septième.

29. Suite du Texte.

Dans l'interieur du pays sont les Bastarnes, qui sont voisins des Tyragetes et des Germains, et j'aurois presque dit d'origine germanique. Ils sont partagés en beaucoup de peuplades, les uns s'appellent Atmoniens, d'autres Sidoniens. Ceux qui habitent l'île de Peuce sur l'Ister, s'appellent Peu-

cinus. Enfin les plus Septentrionaux de tous sont les Roxo.
lans , qui habitent les campagnes entre le Tanaïs et le Bory.
sthene.

COMMENTAIRE.

Ces Roxolans d'origine presque germanique sont appellés Russiatz
par le Géographe Arménien. Ils ont fini sur le Niemen, un des
bras de ce fleuve, en a pris le nom de Rusna, et le Niemen peut
avoir tiré son nom de Niemcy, ce qui conviendroit assez bien à
un peuple d'origine germanique, comme le dit Strabon.

Ces Russiatz du Niemen ont été gouverné par des Varags ou
Princes Normands de Suède , d'une race rapprochée de celle des
Germains, les Finois appellent encore aujourd'hui les Suédois Ro-
xolans, ou comme ils le prononcent Rouzalein.

C'est à ces Varags Russes , que se sont adressé les Slaves de
Nowogorod, pour avoir des Princes qui les gouvernassent. Les
Varags Russes ont passés la mer et sont allés chercher Rurik en
Suéde, et une partie des dits Russes est allé s'établir près de No-
wogorod, dans ce que l'on appelle aujourd'hui Starai Rus.

Mais cet établissement n'a pas été de longue durée. La plûpart des Warags Russes s'embarquerent avec Oskold et Dir , et
prirent Kiow, où ils firent un nouvel établissement.

C'est alors que les Grecs de Constantinople firent des traités
avec eux. Ils les appelloient Ros , et leurs souverains Princes
de Ros.

Lorsqu'ensuite Kiow devint la Capitale de l'Empire fondé par
Rurik à Nowogrod , cet Empire prit le nom de Rossie. Constantin Porphyrogénete dans sa déscription des cataractes du Dnieper donne leurs noms en Slave et en Russe , et les noms Russes
rentrent dans la classe allemande. Voilà selon moi la solution d'un
problème historique, qui a longtems occupé nos savants du nord.

Je sais . qu'il existe une autre opinion et une étymologie très
spécieuse du nom de Rossia et Rossianie. Je vais l'exposer avec
toute l'impartialité, dont je tâche de ne jamais m'écarter.

Procope de Césarée parlant des Slaves ou Antes , dit que ce
sont ceux , que l'Antiquité a connu sous le nom de Spores ou
semés — or comme Rossiany, Rossieni veut dire à peu près la
même chose, on a conclu, que le nom des Rossiens vénoit de-là.
Cette Etymologie, je l'avoue, a quelque chose de spécieux. —
Mais 1. Ce nom de Spores, quoiqu'en dise Procope, ne se trouve

dans aucun ouvrage ni de ancien ni du moyen âge, ainsi il est impossible, de savoir ce que l'antiquité a entendu par Spores.

2. Ce silence absolu des anciens ôte tout intérèt à l'Etymologie de Rossianie, parce qu'il ôte toute la force, et énerve pour ainsi dire le passage de Procope.

3. Une Etymologie ne peut rien contre des preuves historiques. Celles, que je viens de rapporter, me paroissent très bonnes, ainsi nous accorderons à Procope, que les Slaves ont pu être appellés Spores, mais nous n'en dériverons point Rossianie. Au re te je ne serois pas surpris, que quelqu'un embrassa à ce sujet une opinion différente de la mienne, et comme Buffon l'a observé. Les Domaines de l'opinion sont assez vastes pour que chacun y puisse vivre à l'aise.

30. Suite du Texte.

Tout ce que nous connoissons des contrées, qui sont au-delà de la Germanie jusqu'à la mer Caspienne, n'est qu'un pays très plat et égal, mais nous ignorons, s'il y a des peuples, qui demeurent au-delà de ces Roxolans.

Quand aux Roxolans eux-mêmes, ce que nous en savons, c'est qu'ils ont combattu contre les Généraux de Mithridate Eupator. Leur chef étoit Thusius, et ils étoient alors alliés de Palakus, fils de Skilurus. Quoique les Roxolans passent pour de très bons guerriers, les cinquante mille hommes, qui composoient l'armée de Thusius, ne purent tenir contre les soixante mille, que commandoit Diophante, Général de Mithridate, presque tous furent taillés en pièces. Ce qui ne doit point surprendre, car quelque brave que soit un peuple barbare et armé à la légère, il ne sauroit tenir contre des soldats cuirassés et disciplinés. Les cuirasses des Roxolans, leurs casques et leurs boucliers sont en cuir de boeuf, leurs armes sont l'épée, la lance et l'arc.

COMMENTAIRE.

Strabon dit, que les usages des Roxolans étoient les mêmes, que ceux des autres Scythes. Nous avons déjà remarqué la même chose des Massa-Getes, à savoir que bien qu'ils fussent de la classe Japhétique et non Turque. Ils vivoient dans des chariots, comme les Tartares, et si nous observons, qu'Hérodote n'a fait aucune mention de cette grande race de Scythes à demi Germaniques. Nous devons donc présumer, que c'est depuis Hérodote, qu'ils sont venus dans ces contrées orientales, et qu'ils descendoient des Massa-Getes, des Thyssa-Getes ou de quelque autre peuple Magog. — Voyez sur ces Sarmates Allemands ma table des Sarmates.

31. Suite du Texte.

Les tentes des Nomades au milieu desquels vivent les Roxolans, sont couvertes de feutre, on les attache sur des chariots. Leurs troupeaux sont autour de leurs demeures. Ils leurs fournissent le lait et les fromages, dont ils vivent. Eux-mêmes suivent leurs troupeaux de paturages en paturages. L'hyver ils sont dans les marais proche du Palus Méotis, l'été dans les campagnes.

COMMENTAIRE.

Ces Nomades, au milieu desquels vivoient les Roxolans, étoient les Hyppomolgues d'Homére ou Nogais, c'est à dire un des peuples, que nous comprenons aujourd'hui sous ce nom. Les Nogais ont encore aujourd'hui leurs tentes de feutre, qu'ils attachent sur des chariots, ils se rapprochent tous les hyvers du Palus, afin d'avoir des roseaux pour se chauffer; et l'été ils s'enfoncent dans les terres.

32. Autre Texte de Strabon.

Près de l'Océan habitent les Scythes Nomades ou Hamaxobites, c'est à dire vivants dans des chariots.

COMMENTAIRE.

Ce nom d'Hamaxobite est presque une traduction de celui de Kangly, et ces Kangly font encore aujourd'hui partie des Nogais.

Strabon les place près de l'Ocean, parce qu'il s'imaginoit, que l'Ocean communiquoit avec la mer Caspienne, et étoit très proche du Palus.

33. Suite du Texte.

Puis viennent les Sarmates qui sont aussi un peuple Scythe.

COMMENTAIRE.

Il ne s'agit pas ici des Sarmates Jazyges, mais des Sarmates-Médes ou Osiliens aujourd'hui Ofsetes dont je parlerai ailleurs.

34. Suite du Texte.

Puis viennent les Aorses et les Siraces dont les dernieres atteignent vers le midi jusques au mont Caucase. De tous ces peuples les uns sont Nomades, d'autres Skenites (c'est-à-dire vivants sous des tentes, d'autres labourent la terre.

COMMENTAIRE.

Les Aorses sont les Turcomans comme il sera demontré ailleurs. Mais les Siraces plus connus sous le nom d'Scires étoient de la classe dont nous nous occupons maintenant. Jornandes dit quelque part: „Les Scires, les Satagéaires et les autres Alains.

35. Suite du Texte.

Autour du Méotis vers le Bosphore est l'Asie et la Sindique.

COMMENTAIRE.

Cette Asie est le pays d'Ascipurgium. Il est entre le Liman des Cimmeriens et celui de Temruk. J'y ai passé en l'année 1798. et j'ai trouvé l'enceinte d'Ascipurgium.

36. Suite du Texte.

On doit encore mettre au nombre des peuplades Méotes, les Sintiens eux-mêmes, les Dandariens. Les Torréates, les Agréens, les Areches, les Tarpetes, les Obidiakmes, les Litasques, les Dosques, et beaucoup d'autres. On y joint aussi les Aſpourgiens qui habitent un pays de cinq cent stades de long entre Phanagorée et Gorgipia. Ces Aspourgiens sont ceux que le Roi Polemon vouloit asservir sous le voile de l'amitié, et lorsqu'ils eurent dévoilé ses trames il leur déclara la guerre, mais il la fit malheureusement, fut fait prisonnier par ies Aspourgiens et mourut dans la captivité. En général on peut dire des Méotes de l'Asie, qu'ils sont soumis les uns à la ville de Tanaïs, les autres aux Bosphorans. Bien que quelques-uns se soyent soumis à d'autres maîtres. Les Rois du Bosphore ont souvent été les maîtres de toute la côte du Tanais, et particulièrement les trois derniers qui sont Pharnace, Aſsandre et Polemon. Pharnace a une fois couvert d'eau tout le pays des Dandariens en ouvrant un ancien canal de l'Hyppanis que la vase avoit bouché.

COMMENTAIRE.

J'ai passé dans le pays des Dandariens et j'ai vu que le rivage du fleuve Hyppanis ou Couban y avoit été exhaussé par la main des hommes. Ce qui donne une assez grande opinion de l'industrie des Méotes. Lorsque les eaux sont grandes elles s'ouvrent des passages dans ces digues, et portent de gros poissons dans les champs voisins. Une fois les Kosaks de mon escorte en ont harponné un très gros, sous les roues de ma voiture et j'en ai fait mon souper.

37. Autre Texte de Strabon.

On dit que les Amazones, ont autrefois habité sur les monts qui sont au - delà de l'Albanie. Du moins Théophane qui a suivi Pompée dans son expédition en Albanie, dit que les Albaniens étoient séparés des Amazones par des peuples Scythiques appellés les Legiens, et Geles et que le Mérmadalis faisoit la frontiere entre ces deux peuples.

Mais Skasius, Métrodote, Hipsikrates, et d'autres qui connoissoient bien ce pays prétendent que les Amazones étoient voisines des Gargaréens qui habitent le pied septentrional des monts Cérauniens.

COMMENTAIRE.

> Ces deux opinions reviennent absolument au même ou plutôt elles se soutiennent l'une l'autre. Les Legiens sont ceux que nous appellons Lesgis mais qui eux-mêmes s'appellent Legi. Le Mermadalis porte encore aujourd'hui le nom de Mermadik et les Amazones s'étendoient depuis le Mermadik jusques aux Monts Cérauniens qui sont le Beschtov ou Petyhory c'est-à-dire dans toute la Cabarda, où s'est conservé une tradition précieuse sur les Amazones et que j'ai vérifiée sur les lieux et l'on peut aussi la voir dans Tavernier et dans Reinigs.

38. **Autre Texte de Strabon.**

Lorsque du haut des sommets les plus élévés du Caucase on descend vers le nord on trouve un climat assez doux, surtout lorsqu'on se rapproche des campagnes des Siraces. C'est là qu'on trouve quelques Troglodytes qui à cause du froid demeurent dans des grottes. Il font usage du miel.

COMMENTAIRE.

> On trouve encore des demeures de ces Troglodites le long du fleuve Urp.

39. **Suite du Texte.**

Après ces Troglodites viennent les Choanetes (rassemblés) et les Polyphages (ou Mangeurs), et puis les bourgs des Isadices (ou de Justice égale), ceux-ci exercent le labourage.

Tous les peuples qui demeurent plus vers le nord, entre le Méotis et la mer Caspienne. Tous ces peuple dis-je sont Nomades tels sonts lés Nabiens et les Panxaniens. Puis le peuple Sirace et les familles des Aorses, ces deux peuples n'ont pas toujours demeuré dans ces pays là, et sont comme les colonies des peuples plus grands qui habitent vers le nord. Du moins on peut le dire des Aorses. Car du tems de Pharnace Roi du Bosphore Abéanés Roi des Siraces mit sur pied vingt mille Cavaliers, et Spadines Roi des Aorses tout autant. Mais les Aorses plus septentrionaux, en mirent infiniment d'avantage. Parce qu'ils avoient aussi bien plus de pays, et même presque toute la côte de la mer Caspienne. Ils avoient aussi des chamaux sur lesquels ils transportoient les marchandises des Babiloniens et des Indiens qu'ils recevoient des Medes et des Armeniens. Aussi ils sont riches et portent de l'or sur leurs habits. Enfin pour achever ce qui les regarde. Les Aorses habitent près du Tanais et les Siraces près de l'Achardeus qui vient du Caucase et tombe dans le Méotis.

COMMENTAIRE.

Les Siraces comme je l'ai dit plus haut appartiennent à la classe de peuples dont nous nous occupons maintenant, mais les Aorses sont les Turcomanes, et ce qui le prouve bien suffisamment, c'est que Strabon dit qu'ils avoient presque tout la cote de la mer Caspienne, et c'étoit là le Pays des Turcomans selon Déguignes.

40. Autre Texte de Strabon.

Je crois que les Dakes (Daces) qui habitent le haut l'Ister, se sont autrefois appellés Dahes et de-là vient que dans les Comédies des Atheniens les Valets portent souvent les noms de Géta et Davus du moins cela est-il plus probable que si nous faisons venir ces Dahes de ceux qui sont sur la mer d'Hyrcanie, ce pays est si loin qu'il eut été difficile d'en tirer des Esclaves.

41. Autre Texte de Strabon.

Au-delà du Jaxarte est une contrée habitée par les Dahes et les Sakes, les Dahes sont partagés en différentes familles. Les uns s'appellent Apaniens, d'autres Xantiens, d'autres Pisauriens. Les Pisauriens sont les plus proches de l'Hyrcanie et du même nom. Leurs demeures s'étendent jusques aux frontieres de la province d'Asie.

Entre ces peuples Dahes et les provinces d'Hyrcanie, Parthie et Arie, il y a un grand désert sans eau, dans lequel errent ces peuples, et delà ils poussent leurs courses dans l'Hircanie, la Nisée et la plaine des Parthes. Ces trois provinces ont autrefois payé un tribut au Dahes et voici en quoi consistoit ce tribut. Les Dahes avoient la permission de venir à des époques réglées dans ces provinces de les piller et d'emmener tranquillement le butin, mais les Dahes voulurent piller hors du tems réglé par les traités, on leurs fit la guerre puis on fit au nouveau traité qui fut presque aussitôt violé.

COMMENTAIRE.

Les Dahes peuple Nomade qu'on distingue cependant des Saces, qui étoient Turcomanes paroissent être les restes des Massagètes ou Gètes éloignés d'Hérodote, mais le gros des Scythes Magogs avoit passé en Europe où ils étoient connus sous le nom de Sarmates Jadzygs.

Cependant puisque nous en sommes aux Sarmates arrêtons nous instant aux plaintes d'Ovide. Le portrait qu'il fait des Sarmates ressemble encor parfaitement aux peuples du Caucase, et c'est probablement cette ressemblance qui a fait dire à Strabon que presque tous les peuples du Caucase étoient Sarmates. En effet toutes les nations du Caucase se ressemblent et il n'y a pas longs tems que les Russes les confondoient sous le nom Gorcy. Sarmates étoient aussi une maniere d'être Les peuples qui suivoient ce mode, sont appellés Sarmatants ou Sarmatisants par le Géographe de Ravenne. Les Bastarnes, les Hérules avoient beaucoup pris les manieres Sarmates, et particulièrement les Chefs. Ce sont là toutes choses qu'il faut bien observer.

QUATRIEME PARTIE DU CHAPITRE CINQUIEME.

42. Texte d'Ovide.

Vous voulez connoître la tourbe de la région Tomitaine, où j'habite maintenant. L'on y voit des Grecs, mais plus encore de ces Gètes, que nous avons soumis à moitié. Les grandes routes en sont couvertes, ainsi que de cavaliers Sarmates, chacun d'eux a son carquois, son arc et ses flèches, enduites du venin de la vipère. Leur voix est dure, leur visage féroce, véritables images de Mars, nul ciseau ne touche leur barbe, ni leur chevelure, et leur bras est toujours prêt à frapper du couteau, que chaque barbare tient pendu à sa ceinture.

COMMENTAIRE.

Encore aujourd'hui chaque habitant du Caucase porte toujours pendu et non passé à sa ceinture un poignard très large et très affilé, et il le tire à tout instant, non pas toujours pour frapper, mais pour gesticuler, lorsque la conversation s'anime. Aussi presque tout le monde y porte une cotte de mailles sous ses habits, pour se mettre à l'abri de semblables vivacités. Ils affectent aussi un air féroce, et quelques peuplades ont des flèches empoisonnées. Ce sont ces grandes conformités, qui ont fait dire à Strabon, que presque tous les peuples du Caucase étoient Sarmates, or on ne voit rien de pareil chez les Tartares. — Mais quittons la poësie, et revenons aux Géographes Romains. Pomponius Méla met comme Strabon les Dahes à l'orient de la mer Caspienne, après quoi il dit.

43. Texte de Méla.

Les Sauromates occupent les rives du Tanaïs, et le pays des environs, la nation est une, mais autant de peuples, autant de noms différents, les premiers sont les Méotes Gunaïco-cratumenes, ou gouvernés par les femmes, ce sont les royaumes des Amazones.

Les Satarches habitent le long du Palus, vers le lieu où la terre se prolongeant obliquement est resserrée entre le pont Euxin et le Méotide. Les Satarches ne connoissent ni l'or ni l'argent, véritables pestes du genre humain. Le commerce se fait par des échanges, la rigueur du froid les oblige à vivre sous terre, dans des cavernes ou des fossés. „Tout

„leur corps est dans leur culotte, et leur visage est habillé à „l'exception de l'espace nécessaire pour voir."

Les Sarmates ressemblent le plus aux Parses pour les habitudes et les armes, mais leur caractère est plus rude, aussi bien que leur ciel. Ils ne vivent point dans des villes ni des demeures permanentes. Ils suivent leurs troupeaux dans divers paturages. Ils poursuivent ou se retirent devant un ennemi, ils portent toutes leurs richesses avec eux, et sont toujours dans des camps. Ils sont belliqueux, libres et in-domptés, et si féroces, que leurs femmes combattent aussi, et pour qu'elles soyent propres à combattre, on leurs brûle la mamelle droite. Leur poitrine devient ainsi à demi-virile, et leur bras propre à porter des coups assurés. Tendre un arc, monter à cheval, chasser, ce sont là les amusements d'une jeune fille Sarmate, frapper l'ennemi est l'affaire d'une fille adulte. Ne point frapper est une honte, que l'on punit par la virginité. Vers le Golphe Caspien sont les Caspiens eux-mêmes, et les Amazones, c'est à dire, celles que l'on appelle Sauromatides.

COMMENTAIRE.

Il est remarquable, que Pomponius Méla ne parle point des Alains. Pline est le premier, qui en parle, et il les assimile aux Roxolains, qui sont des peuples presque Germains, comme on l'a vû plus haut, et effectivement Procope dit en deux endroits de sa guerre Vandélique, que les Alains étoient des Goths, nous savons aussi, que certains Alains, qui sont allé en Espagne, ont été appellé Go-thi Alauni, d'où est venu le nom de Catalogne. Ces Alains-Goths étoient les descendants des Bastarnes, Peucins, Athmoniens et autres Sarmates-Germains, tandisque les Alains d'Asie et les Sarmates Jadzigs étoient les descendants des Magogs-Massa-Gètes. Mais aucun de ces peuples n'étoit Tartare.

44. Texte d'Ammien Marcellin.

La nation des Huns, agile, indomptée, entrainée par l'avidité de piller, après s'être exercée aux rapines et au carnage sur les frontières de ses voisins, parvint jusqu'aux Alains, qui sont les anciens Massagetes.

COMMENTAIRE.

Certes voici bien en toutes lettres ce que je me démene à démontrer.

45. Suite du Texte.

Au-delà du Tanaïs les Alains habitent des déserts immenses dans la Scythie. Les Alains répandus au milieu de nations nombreuses, s'étendent fort loin du côté de l'Asie, et même à ce que j'ai oui dire jusqu'au Gange.

COMMENTAIRE.

Si on lui a dit vrai, les Alains doivent être les mêmes, que les Indo-Scythes et les mêmes aussi, que les Dahes, les Yué-chi, les Yué-ta, les Getes éloignés etc. etc.

46. Suite du Texte.

Ils se tiennent dans des chariots, qu'ils couvrent d'écorce, les hommes couchent avec leurs femmes dans les chariots, les enfants y naissent et y sont élevés, ce sont leurs éternelles demeures.

COMMENTAIRE.

Les Massagetes d'Hérodote vivoient aussi dans des chariots, et non sous des tentes comme les Tartares.

47. Suite du Texte.

Presque tous les Alains sont grands et beaux, leurs cheuveux tirent un peu sur le blond.

COMMENTAIRE.

Quiconque a vu des Tartares Nomades, sait bien, qu'il n'y en a pas de blonds. Aussi les Alains n'étoient-ils pas Tartares.

CONCLUSION.

La Génése a raison de dire, qu'il y a eu des Scythes Japhétiques, qu'elle appelle Magog, que les Arabes ont appellé Majouges, les Grecs Majotaï, les Latins Méotes. Ils étoient différents des Tartares, et beaucoup plus beaux. Ils habitoient dans des chariots, et non pas sous des tentes, ni des maisons portatives. Ils mangoient beaucoup de laitage, mais non pas du lait de jument. Homére les a appellé Galactophages. Scymnus de Chio dit, que les Sarmates sont descendu des Méotes.

Lorsque les Grecs commencèrent à fréquenter les bords du Thyras et du Borysthéne, ils y trouvèrent des Gétes et Tyrigetes, et ils appellerent les peuples de l'interieur du pays Thyssagetes ou Gétes mobiles, Massagétes ou Gétes éloignés.

Les Massagétes étoient alors divisés en deux parts, la plus considérable ou gros de la nation avoit passé à l'est de la mer Caspienne, et une très petite partie étoit restée entre le Don et le Wolga, où on les appelloit Gunaïco-cratumenes, parce qu'ils étoient gouvernés par des femmes, et Sauromates, parce que les anciennes Amazones ayant eu commerce avec les Tartares Nogais, les yeux des Lésards s'étoient perpétué dans leurs familles.

Environ l'année 42 avant J. C. un Tanjaou des Huns, appellé Tschi-Tschi-Khan, s'établit dans le pays des Alains au Nord-est de la mer Caspienne, et alors on vit refluer en Europe, tout-à-fait différents d'origine, mais très ressemblants entr'eux par les habitudes et les moeurs. Les premiers étoient d'origine presque germanique, comme le disent positivement Strabon, Pline et Tacite, et cé sont ceux, qui dans la suite ont été appellés Alains-Goths par Procope. Les premiers de celle race avoient pénétré en Europe, près d'un siècle avant Tschi-Tschi-Khan, mais la foule arriva de son tems.

L'autre peuple étoit Nomade, descendant des Massagetes, et par conséquent de la même race que les Sarmates.

Conrad Mannert, le seul homme, qui ait connu l'histoire des nations, convient avec sa modestie ordinaire, qu'il ne sait, s'il doit faire des Alains une nation allemande ou une nation Asiatique, mais il y avoit des Alains-Goths, comme le dit Procope, et des Alains d'Asie, comme le dit Ammien Marcellin, qu'on les suive dans l'histoire, on leurs trouvera toute une autre physionomie. Ajoutez à cela, que les peuples du nord pris collectivement avoient d'abord été appellés en général Getes et Dakes, puis en général Scythes, puis en général Sarmates et enfin en général Alains, si bien que l'on avoit même donné ce nom à des peuplades Tartares, comme nous le voyons clairement dans Pline et Lucien. Enfin ce nom d'Alains et Alanie a été conservé à la petite province d'Ascipurgium, comme nous allons le voir.

CINQUIEME PARTIE DU CHAPITRE CINQUIEME.

Origine des Ossetes du Caucase.

4°. Aujourd'hui les Ossetes sont une nation nombreuse et des plus remarquables du Caucase, cependant ce nom n'est pas une seule fois mentionné dans les historiens du bas empire, d'où nous pouvons conclure avec certitude, qu'ils ont été connus sous un autre nom.

49. Les Ossetes parlent une langue, qui tient beaucoup aux dialectes de la haute Medie, mais qui tient aussi à une langue toute différente ; et que nous croyons être le Sar

mate Jadzyge, comme on le verra plus loin, et comme je l'ai déjà dit plus haut.

50. Enfin selon la tradition du pays, les Ossetes n'ont pas toujours habité le Caucase, et ils viennent des bords du Don, ce sont là les notions actuelles. Maintenant transportons nous à l'autre bout de la chaine.

51. Diodore de Sicile dit, que les Scythes (Sakes-Skolote) avoient conduit en Sarmatie une colonie de Medes.

52. Pline met encore sur les bords du Tanaïs les descendants de ces Medes de Sarmatie.

53. Ptolemée y met un peuple, qu'il appelle Osiliens.

54. Or nos Ossetes parlent un dialecte Mede, et passent pour être venus des bords du Don. Ils s'appellent eux-mêmes Ir ou Iron, et leur pays Ironistan. Or Iron est précisement le nom actuel de la Médie, et Iranion celui des Medes. Hérodote dit aussi: qu'anciennement les Medes s'appelloient Arianoï. Ainsi les notions anciennes se rapportent ici aux modernes, et il ne nous reste qu'à exam᷑r ce peuple dans le moyen âge.

55. Les Ossetes ne sont jamais mentionnés sous ce nom dans la Bysantine. Il faut donc les y chercher sous un autre nom, car ayant existé avant et après, ils doivent aussi avoir existé dans les tems intermédiaires. Or nous voyons, qu'à la place où les Ossetes sont aujourd'hui, se trouvoit dans le dixième siècle la Principauté et Metropole d'Alanie. Des plusieurs passages qui le prouvent, le plus frappant est celui de Constantin Porph, qui dit, que l'Alanie est proche des Suanes. C'est donc bien l'Ossetie de nos jours.

56. Au commencement du onzième siècle Mstislaw, fils de Wolodimir, enleva l'île de Taman à un prince, que Nestor ne nomme pas, mais qu'il dit avoir été souverain des Jasses et des Kasogs, c'est à dire souverain de l'Alania et Kasachia de Constantin Porphyrogénètes. Ces Jasses sont appellés Asses par nos moines du treizième siècle, qui disent aussi, que les Asses sont les mêmes que les Alains, et que les Alains sont les mêmes que les Allemands ont appellé Walaon.

57. Cependant on ne peut regarder les Ossetes, que comme une branche de ce peuple retirée dans le Caucase, car une autre branche des Asses étoit restée sur le Don, où ils avoient la ville d'Azof, que les Turcs appellent Azak. Ceux-ci qui ont aussi porté le nom d'Alains, ont servi sous le Tartare Noga, et après sa mort ils ont passés au service des Empereurs Grecs, ainsi qu'on peut le voir dans Pachymere, qui en parle fort au long. Ce qui conduit jusqu'au commencement du quatorzième siècle, au lieu que les Asses - Ossetes étoient déjà dans le Caucase au commencement du dixième siècle. Avant cette époque, s'étoient les Missimianiens, qui habitoient l'Ossetie actuelle, et les Alains Ossetes habitoient sur le Méotis. Ils étoient bien surement sous le regne de Justin. A la vérité depuis Ptolemée jusqu'aux tems de Justin, on ne sauroit rechercher leur histoire sans risquer de les confondre, soit avec d'autres Alains tels que les Siraces, soit avec les habitants d'Accipurgium. Mais malgré cette interruption je crois, qu'on ne peut méconnoitre dans les Ossetes d'aujourd'hui les Osiliens de Ptolemée et les Sarmates - Medes de Diodore et de Pline.

58. A quoi j'ajouterai encore, que toutes les fois, que j'ai demandé à un Géorgien, s'il connoissoit dans le Caucase un peuple appellé Alan, la réponse a toujours été affirmative, mais aucun d'eux n'a pu me dire où étoit ce peuple.

59. Un missionaire Russe, qui vit depuis vingt ans chez les Ossetes, m'a fait parvenir le nom d'une peuplade Õssete, qui a conservé le nom d'Alan. Et Chardin a encore parlé d'Alains.

6o. La Géorgie ayant été incorporée à l'Empire Russe, il n'est pas douteux, que l'histoire des Ossetes ne soit bientôt éclaircie, et surtout dans ces rapports avec le petit royaume d'Ascipurgium.

Dans les 270 mots du dictionaire comparatif Russe, il y en a bien une centaine, qui sont Medes ou Japhétiques, et le reste appartient à une langue tout à fait perdue aujourd'hui, et qui ne peut être que la langue Sarmate, puisque les Ossetes sont les anciens Ossiliens ou Sarmates Medes. Voici encore une étymologie qui semble le confirmer. De l'eau, une rivière, s'appellent en langue Ossete *Don*, ce qui d'abord prouve assez, qu'ils ont habité sur le Don ou Tanais, et la tradition du Caucase le confirme aussi.

De plus nous observerons, qu'avant l'arrivée des Sarmates Jadzygs en Europe les fleuves avoient des noms tout différents, mais après leur arrivée l'Ister prend le nom de Danube, le Thyras de Danaster, le Borysthene s'appelle Danaper. Danube veut dire chez les Ossetes *rivage du fleuve*, et le Danube avoit ce nom là précisement dans cette partie de son cours, qui bordoit le pays des Sarmates Jadzygs, car plus haut il y a longtems conservé le nom d'Ister.

Le Dnieper et le Dniester sont appellés par Constantin Porph. Danaper et Danaster, qui sont des noms Ossetes composés de Don *fleuve*, qui fait Dan dans ces composés. J'évite autant, que je le puis les étymologies, mais celle-ci m'a parue ne devoir pas être omise.

CHAPITRE VI.
Origines Tschoudes.

J'ai dit dans le chapitre précédent, que l'histoire des Tartares debarassée de l'immixtion des Méotes et des Massagetes ne présentoit plus aucune difficulté. L'on en trouve cependant encore une, mais purement nominale, et pour la vaincre, il s'agit de débarasser les Tartares du nom de Scythes, et de le rendre à une autre race, nous y procéderons d'abord par les observations suivantes.

1. Hérodote nous dit, qu'ils n'y avoit que les Grecs, qui usassent de ce nom de Scythes, mais que les Scythes eux-mêmes s'appelloient Skolotes, et qu'ils étoient Saces d'origine.

2. Du tems d'Hérodote la Scythie s'étendoit du Dnie-ster au Don, mais parlant de l'ancienne Scythie, il dit, qu'Ol-bia étoit au centre de l'ancienne Scythie, ce qui suppose qu'elle ne s'étendoit alors que du Dniester à Pérécop.

3. Hérodote nous fait bien connoître les habitants de cette ancienne Scythie. Les Grecs les appelloient Borystheni-tes, mais eux-mêmes s'appelloient Olbio-polites, parce qu'ils avoient été chassés de la contrée, où les Grecs avoient bâti Olbia.

4. Les Scythes Borysthénites étoient aussi appellés Géorgiens, c'est à dire Agricoles, ce qui prouve assez, qu'ils n'étoient pas Nomades, mais de plus ils devoient aussi être jardiniers, car la rivière, sur laquelle ils habitoient, étoit ap-pellée par les Grecs Pantikapée, ce qui vouloit dire tout jardin.

5. Nous voici donc déjà un peu avancés dans la con-noissance des habitants de cette ancienne Scythie. Faisons un pas de plus. Les Grecs reconnoissoient aux Scythes Bory-sthénites deux peuples frères, et ces frères n'étoient ni des Hyppomolgues ni des Skolotes. C'étoient les Agathyrses et les Gelons Budiniens.

6. Les Agathyrses habitoient la Transylvanie, ensuite on les voit dans le nord, enfin Marcien d'Heraclée les place sur la Dwina septentrionale, tout au milieu des peuples Fi-nois. Il appelle la Dwina septentrionale Chessunus, et ce nom semble s'être conservé dans celui de Chessy, que les Sa-mojèdes se donnent à eux-mêmes; venons en aux Budiniens.

7. **Texte d'Hérodote.**

Les Budiniens forment une grande et nombreuse nation. Ils sont tous roux et ont les yeux pers.

COMMENTAIRE.

Les cheveux roux sont un caractéristique de la nation Finoise, et de plus les Sibériens disent proverbialement, lorsqu'ils parlent des Tschoudes: Tschoudaki Béloglasy, ou les Tschoudes aux yeux blancs. C'est une notion, que je tiens de Monsieur Pallas. Observez, que je traduis ce passage comme Valla et tous les anciens traducteurs, et non pas comme Monsieur Larcher, pour les connoissances duquel j'ai d'ailleurs tout le respect imaginable, et que je copie presque toujours.

8. **Suite du Texte.**

Il y a chez les Budiniens une ville entièrement bâtie en bois. Elle s'appelle Gelonus, les murailles sont aussi toutes de bois, elles sont hautes, et ont à chaque face trente stades de longueur, leurs maisons et leurs temples sont aussi du bois. Il y a en effet dans ce pays des temples consacrés aux dieux des Grecs. Ils sont bâtis à la façon des Grecs, et ornés de statues, d'autels et de chapelles en bois. De trois à trois ans ils célèbrent des fêtes à l'honneur de Bachus. Aussi les Gelons sont-ils Grecs d'origine, ayant été chassé des villes de commerce, ils s'établirent dans le pays des Budins, leur langue est un mélange de Grec et de Scythe.

COMMENTAIRE.

C'est à dire de Grec et de la langue des Budiniens, donc les Budiniens étoient des Scythes anciens. Il est remarquable, qu'il reste beaucoup de mots grecs dans l'étrange Jargon, que l'on parle à Susdal, on en peut juger par les mots suivants :

Main	en dialecte Susdal :	*Chiria*		en Grec :	*Cheira.*
Lait	-	-	-	*Galimo*	-	*Galo.*
Vieillard	-	-	-	*Gir*	-	*Geros.*
Dix	-	-	-	*Dekan*	-	*Deka.*

12 *

Dormir	en dialecte Susdal:	*Kimat*	en Grec:	*Kimein.*
Chanter	- - -	*Kuresmat*	-	*Chorevein.*
Sel	- - -	*Jalot*	-	*Alos.*
Nes	- -	*Miter*	-	*Miktir.*

Ces mots sont pris parmi les 275 du dictionaire comparatif Russe. Mais il y a apparence, qu'on en trouveroit davantage dans un dictionnaire plus complet.

9. Suite du Texte.

Les Budiniens n'ont ni la même langue ni la même manière de vivre, que les Gelons. Ils sont Autochtones, Nomades, et les seuls de cette contrée, qui mangent de la vermine. Les Gelons au contraire cultivent la terre, vivent de bled et ont des jardins. Ils ne ressemblent aux Budins ni par l'air du visage, ni par la couleur.

COMMENTAIRE.

Comment cette phrase n'a t-elle pas prouvé à Monsieur Larcher, qu'il falloit traduire, comme on avoit fait avant lui — Gens vehementer coesiis oculis atque rufa — mais le plus excellent ouvrage a quelque faute.

10. Suite du Texte.

Les Grecs les confondent et comprennent les Budins sous le nom de Gelons, mais ils se trompent.

COMMENTAIRE.

Et voilà pourquoi les Grecs des villes disoient, qu'Hercule avoit eu trois fils en Scythie, Scythes, Agathyrses et Gelons, mais par Gelons ils entendoient les Budiniens ou Budiens, comme je l'ai déjà dit à l'article 5.

11. Suite du Texte.

Leur pays est couvert d'arbres de toute espéce. Dans le canton, où il y en a le plus, on trouve un lac grand et spacieux bordé de roseau; on prend dans ce lac des loutres, des castors et d'autres animaux, qui ont le museau quarré, leurs peaux servent à faire des bordures aux habits, leurs testicules sont excellents pour les maux de matrice.

COMMENTAIRE.

Ce lac est le Iwanowe Ozero près de Tula, comme il est prouvé par un autre passage d'Hérodote, maintenant résumons nous.

Depuis Homère, mais avant l'irruption des Saces Skolotes, c'est à dire vers l'an 800, des peuples Skuths, je crois Tschouds, s'établissent là, où Olbia est aujourd'hui, et c'est eux, qui ont donné leur nom à la Skuthie, et ce sont les Tartares, à qui on a donné le nom de Skuth, quoiqu'ils s'appellassent Skol ou Skolotes.

A la vérité Eratosthene voulant prouver, qu'Hésiode savoit la Géographie mieux qu'Homère, cite un vers, dans lequel on voit Scythes Hyppomolgues au lieu de braves Hyppomolgues, mais qui ne voit, qu'il s'agit ici d'une de ces corrections faites postérieurement dans le tems de la rédaction d'Homère et Hésiode par les grammairiens. Tous ceux-ci vivoient dans le tems, où le nom de Scythes étoit donné exclusivement aux Tartares, et il y en a eu un, qui a proposé la même correction dans Homère. D'ailleurs l'ouvrage, ou se trouvoit ce vers, étoit il bien d'Hésiode? Au tems d'Hérodote on n'étoit point d'accord sur les ouvages, que devoit attribuer à Homère et Hésiode, comment l'auroit on su du tems d'Eratosthene. Ainsi j'avoue, que la preuve directe de l'idendité de Scythes et de Tschouds manque, mais ce n'est pas ce vers cité, qui peut l'affoiblir.

Les Grecs ayant bâti une ville à Olbia, les Scythes Tchouds s'établirent sur le Dnieper au-dessus des Konskie Wody. Les uns allèrent plus loin, c'est à dire sur le Don, et y bâtirent une ville de bois, qui cependant fut appellée Gelonos, c'est à dire la magnifique. Le peuple Budien ou Bydien, au milieu duquel ils firent cet établissement, ressemble bien aux Tschouds par les cheveux roux et les yeux blancs, et cependant il y a lieu de croire, qu'il parloit une langue assez différente du Finois actuel, et voici ce qui le prouve. Hérodote nous apprend, que Darius ayant détruit la ville de Gelonos, les Grecs et les Barbares se retirerent vers le nord, or nous trouvons à Susdal une langue Slave, mais melée de mots Grecs, et d'autres d'une langue assez différente du Finnois d'à présent. Il est très apparent, que cette langue est celle de la peuplade, qui habitoit sur le Belozero, et que Nestor appelle Vess et Thwrocz Bess. Il est infiniment probable que les Susdalois d'ajourd'hui en descendent, et comme leur langue est mêlée de Grèc il est infiniment probable aussi qu'ils descendent des Budiens d'Hérodote, en milieu desquels s'étoient établi les Grècs de Gelonos. Il est très probable aussi que le mot Grèc Skuth qu'il ne faut pas prononcer Skif comme font les Russes, répond au mot de Scuth. Toutes ces choses me paroissent infiniment probables. 'Mais ce que je regarde comme certain c'est que les Grècs lorsqu'ils on fait leurs prémiers établissements en Scythie y ont trouvé un peuple tout différent des Tartares, et que les Tartares n'ont eu le nom de Scythes que parce qu'ils ont habité la Scythie. On s'en convaincra mieux par la lecture du chapitre suivant.

CHAPITRE VII.
Origines Tartares.

J'ai donc débarassé l'histoire Tartare, de tout ce qu'on y avoit introduit d'étranger, en les confondant avec les Scythes-Méotes, et avec les Scythes-Tschoudes, et maintenant le fil de la dite histoire Turco-Tartare pourra se dévider avec la plus grande facilité. Depuis les Hippomolgues d'Homere jusques aux Nogaïs de nos jours, depuis les Saces d'Hérodote jusques à nos Turcomans, depuis les Barsiliens du même auteur jusque à nos Borsrolu, et depuis les Kumaniens de Pline jusque à nos Kipczaks. J'ai vu et fréquenté tous ces peuples, et j'ai trouvé les plus anciens noms encore en usage chez eux. Aussi c'est avec une parfaite confiance que j'entre dans cette carriere, appuyé d'un coté sur mes propres observations, et de l'autre sur les immenses recherches de l'immortel de Guignes, qui est parvenu par la voye des historiens Chinois et Arabes, aux mêmes résultats où je conduirai mes lecteurs par l'érudition Grecque et Latine.

1. La premiere mention historique des Scythes se trouve dans le nom de la ville de Palestine appellé par les Grecs Scytho - Polis et par les Hébreux Beth-Saan.

2. Ce nom de Beth-Saan qui se trouve déjà dans Josué a la même signification que Scythopolis, car Beth veut dire maison ou demeure, et Saan est le même pluriel oriental que Sagian, d'où est venu le nom de Bersagian. C'eft ce même peuple que les moines du treizieme siecle ont appellé Sayes et c'eft lui probablement qui a passé sur les terres de l'Empire Russe, où l'on donne le nom de Saiancy à cette race de Tartares.

3. Jule Solin dit que les premiers habitants de Scytho-polis ont été les Scythes, venus d'Asie avec Bachus, et son témoignage est respectable dans cette occasion, car il s'appuye sur Mégasthene qui avoit accompagné Alexandre dans son ex-pedition des Indes et de plus il s'appuye d'un certain Dénys que Ptolemée Philadelphe avoit envoyé aux Indes, pour y véri-fier les observations de Mégasthene.

4. Ces écrivains ont même donné l'année de l'expédition de Bachus d'après les histoires Indiennes, mais leur Chronolo-gie ne nous importe pas pour le moment, et il nous suffira d'observer que la plus ancienne mention hiftorique des Tarta-res se trouve dans le nom Hébreux de la Scythopolis de Palestine.

5. La seconde mention des Tartares remonte au 22eme sie-cle avant J. C , à cette époque ils firent une incursion dans la Médie où regnoit Nodar, cette premiere incursion fut suivie de beaucoup d'autres, et les Tartares ne cesserent de desoler l'Asie, pendant 1500 révolutions lunaires.

6. Dans le 21eme ciecle avant J. C. Ninus délivra l'Asie des incursions des Tartares, qui retournerent dans leur pays et se mirent à désoler la Chine. Car les Huns dont les histo-

riens Chinois commencent à parler à cette époque étoient des Tartares et parloient une langue ressemblante à celle des Kergis. La race Tartare occupoit alors les pays qu'elle occupe encore aujourd'hui depuis la mer Caspienne au Lac-Lop. Lorsqu'elle infestoit l'occident la Chine étoit tranquille, et si l'occident leur opposoit trop de résistance ils se rejettoient sur la Chine, toute leur histoire ne se compose que de ces alternatives.

7. Dans le 18ème siecle avant J. C. la puissance de Ninive étant fort tombée, l'empire s'etant divisé en plusieurs Royaumes. Il paroit que les Tartares ont dû s'avancer dans la Médie et vouloir jouer un role dans l'occident, au moins quelques hordes. En effet nous voyons dans les 70. un certain Targal qualifié de Roi des nations, qui pourroit bien être le Targitaus qu'Hérodote place vaguement mille ans avant Darius.

8. Dans le huitieme siecle avant J. C. les Grécs qui commençoient à fréquenter le pont Euxin, ne pouvant dans leur langue ni écrire ni prononcer Tschoud, écrivirent et prononcerent Skuth. Toute la contrée fut appellée Skuthia, et les Tartares qui s'y établirent dans le siecle suivant, furent appellés Skuth, parce qu'ils habitoient la Skuthie.

9. C'est à la fin du huitieme siecle que nous trouvons les Scythes du Turquestan, sous leur vrai nom de Sakes, et nous rentrons dans leur histoire par le fameux Roman de la Reine Zarine, et du Mede Stryangée qui se tua par amour pour elle. Voyés Diodore de Sicile, Nicolas de Damas, les extraits de l'Empereur Constantin Porph. et surtout le mémoire de Boivin l'ainé dans le second volume de l'Académie des Inscriptions.

10. Après la mort de la Reine Zarine les Sakes furent attaqués et molestés, par les Massagétes. C'est pourquoi la tri-

bu des Sakes Skolotes quitta sa terre natale, et passa dans l'occident. Nous les y suivrons sur les pas d'Hérodote.

SECONDE PARTIE DU CHAPIRTE SEPTIEME.

Texte d'Hérodote Melpomene, ou l. 4.

1. Après la prise de Babylone Darius marcha en personne contre les Scythes (ou Sakes - Skolotes.) L'Asie étoit alors riche et peuplée, et se trouvoit dans l'état le plus florissant. Ce Prince souhaitoit ardemment se venger de l'insulte que les Scythes avoient fait les prémiers aux Medes, en entrant à main armée dans leur pays, et de ce qu'après une victoire complette, ils étoient devenu les maîtres de l'Asie superieure pendant vingt huit années, comme je l'ai dit auparavant. Ils y étoient entré poursuivant les Cimériens, et en avoient enlevé l'Empire aux Medes, qui le possedoient avant leur arrivée.

Après une absence de vingt huit ans, les Scythes avoient voulu retourner dans leur patrie, mais n'avoient pas trouvé dans cette entreprise moins de difficultés, qu'ils n'en n'avoient rencontré, en voulant pénétrer en Médie. Une armée nombreuse étoit allée au devant d'eux et leur en avoit disputé l'entrée. Car leurs femmes ennuyées de la longueur de leur absence, avoient eu commerce avec leurs esclaves.

COMMENTAIRE.

L'irruption des Scythes (Sakes - Skolotes) en Asie, a eu lieu dans l'année 633 avant J. C. Voici ce qu'Hérodote en dit encore dans son premier livre.

„Lorsque Cyaxare assiégeoit Ninive, il fut assailli par une nom-
„breuse armée de Scythes, ayant à leur tête leur Roi Madyes fils
„de Prototyes, c'étoit en chassant d'Europe les Cimériens, qu'ils
„s'étoient jété sur l'Asie, la poursuite des fuyards, les avoit con-
„duit, jusqu'au pays des Medes.

13

„Du palus Méotide au Phase et à la Colchide, on compte trente
„journées, pour quelqu'un qui marche bien. Pour se rendre de la
„Colchide en Médie, on passe des montagnes et le trajet n'est pas
„long Car il ne se trouve entre ces deux pays, que celui des
„Sapires (aujourd'hui Ispiru) lorsqu'on l'a traversé on est sur les ter-
„res des Médes, les Scythes néanmoins n'y entrerent pas de ce coté.
„Mais ils passerent plus haut, et par une route beaucoup plus lon-
„gue laissant le mont Caucase sur leur droite, les Médes ayant li-
„vré bataille aux Scythes la perdirent avec l'Empire de l'Asie.

„Les Scythes maîtres de l'Asie, marcherent delà en Egypte
„mais quand ils furent dans la Syrie de Palestine, Psammetique
„Roi d'Egypte vint au devant d'eux, et à force de présents, et de
„prieres, il les détourna d'aller, plus avant; il revinrent donc sur
„leurs pas, et passerent par Ascalon de Syrie, d'où ils sortirent
„la pluspart sans y faire aucun dégât, à l'exception de quelques
„uns d'entr'eux, qui ayant été laissés en arriere, pillerent le tem-
„ple de Vénus Uranie. Ce temple autant que je l'ai pu savoir
„par mes informations, est le plus ancien temple de cette déesse,
„celui de Cypre lui doit son origine de l'aveu même des Cypri-
„ens, celui de Cythere a aussi été bâti par des Phéniciens origi-
„naires de cette Syrie, la Déesse envoya une maladie de femmes
„à ceux d'entre les Scythes qui avoient pillé le temple d'Ascalon
„et ce châtiment s'etendit à jamais sur leur postérité. Les Scy-
„thes disent que cette maladie est une punition de leur sacrilege,
„et que les étrangers qui voyagent dans leur pays s'apperçoivent
„de l'état de ceux que les Scythes appellent Enarées. (Voyez là-
„dessus tout ce que nous dirons plus loin sur les Khos.)

„Les Scythes conserverent vingt huit ans l'empire de l'Asie.
„Ils ruinerent tout par leur violence et leur négligence. Outre les
„tributs ordinaires ils exigeoient encore de chaque particulier, un
„impôt arbitraire, et indépendamment de ces contributions, ils par-
„courroient ce pays pillant et enlevant à chacun ce qui lui appar-
„tenoit. Cyaxare, et les Médes, en ayant invité chez eux la
„plus grande partie les tuerent après les avoir enyvré.

L'Empire que les Scythes ont exercé en Médie, ressemble assez à celui qu'ils ont exercé en Russie dix neuf siècles après.

II. Suite du Texte.

Les Scythes crevent les yeux à tous leurs esclaves, afin
de les employer à traire le lait dont ils font leur boisson ordi-

naire; ils ont des souflets d'os qui ressemblent à des flutes: Ils les mettent dans les parties naturelles de la jument. Les esclaves souflent dans ces os avec la bouche, tandis que d'autres tirent le lait. Il se servent à ce qu'ils disent de ce moyen, parce que le soufle fait enfler les veines des juments et baisser les mamelles.

Lorsqu'ils ont tiré le lait, ils le versent dans des vases de bois, autour desquels ils placent leurs esclaves pour le remuer et l'agiter. Ils enlèvent la partie du lait qui surnage, la regardant comme la meilleure et la plus délicièuse, et celle de dessous comme la moins estimée. C'est pour servir à cette fonction, que les Scythes crevent les yeux à tous leurs prisonniers, car ils ne sont point cultivateurs mais Nomades.

COMMENTAIRE.

On voit beaucoup de peuples qui ne font point de prisonniers ou les mettent à mort, cependant il est difficile de croire que les Scythes ayent fait subir un traitement aussi cruel à tous leurs ésclaves, peut - être ne l'ont ils fait qu'à des esclaves qui avoient cherché à s'échapper, car dans ces cas- là les Tartares sont encore très cruels sur tout du coté de Chiva et d'Urguends Au reste battre le lait aigre de jument est une des occupations les plus continues de la vie Nomade, on se sert pour cela d'un outre de cuir.

III. Suite du Texte.

De ces esclaves et des femmes Scythes il étoit né beaucoup de jeunes gens, qui ayant appris quelle étoit leur naissance, marcherent au-devant des Scythes qui revenoient de la Médie. Ils commencent d'abord par couper le pays, en creusant un large fossé, depuis les monts Tauriques au Palus Méotis, qui est d'une vaste étendue. Ils allerent ensuite camper devant les Scythes, qui tachoient de pénétrer dans le pays, et les combattirent. Il y eut entr'eux des actions fréquentes, sans que les Scythes pussent remporter le moindre avantage. „Scy-thes, que faisons nous?" leur dit l'un d'entr'eux; s'ils nous tuent quelqu'un des notres, notre nombre diminue:

et si nous tuons quelqu'un d'entr'eux, nous diminuons nous même le nombre de nos esclaves; laissons là, si vous m'en croyez, nos arcs et nos javelots, et marchons à eux, armés chacun du fouet dont nous nous servons pour mener nos chevaux. „Tant qu'ils nous ont vu avec nos armes, ils se „sont persuadé que leur condition, et celle de leurs peres, étoit „semblable à la notre, mais quand au lieu d'armes, ils nous „verront le fouet à la main, ils apprendront qu'ils sont nos „esclaves, et convaincus de la bassesse de leur naissance, ils „n'oseront plus nous resister.

COMMENTAIRE.

Nous avons dans l'Histoire de Pologne un trait assez semblable à celui des femmes Scythes, et de pareilles infidélités en masse pouvoient avoir lieu lorsque tous les hommes d'une nation prenoient les armes pour faire quelque conquete éloignée. Diodore de Sicile dit aussi dans son livre 15: „L'histoire des enfants Scythes n'est „point unique dans son genre, la guerre de Messene dura vingt ans, „et les Soldats Spartiates avoient juré, de ne pas rentrer dans leur „ville qu'ils n'eussent emporté Messene. Ce fut à l'occasion de „cette guerre, et de cette longue absence des maris que naquirent „les enfants appellés Parthéniens, qui allérent fonder la ville de „Tarente — les fameux Epigonnes ont une origine pareille.

Le fossé des esclaves Scythes subsiste encore et va des monts Tauriques à Arabat, il a été réparé par Assandre Roi du Bosphore.

IV. Suite du Texte.

Ce conseil fut suivi, les esclaves étonnés, prirent aussitôt la fuite, sans songer à combattre, c'est ainsi que rentrerent en leur pays, les Scythes qui après avoir été maitres de toute l'Asie, en avoient été chassés par les Medes. Darius leva contre eux une nombreuse armée, pour se venger de cette invasion.

COMMENTAIRE.

Les descendants de ces esclaves ont longtems habité la Peninsule de Cafa, on les appelloit Sindes ou Sintiens et ils étoient Méotes d'origine.

V. Suite du Texte.

Les Scythes disent que de toutes les nations du monde la leur est la plus nouvelle, et qu'elle commença ainsi que je viens de le rapporter.

La Scythie étoit autrefois un pays désert, le premier homme qui y naquit s'appelloit Targitaüs ils prétendent qu'il étoit fils de Jupiter et d'une fille du Borysthene, cela ne me paroit nullement croyable, mais telle est l'origine qu'ils rapportent.

COMMENTAIRE.

Hérodote a raison de se défier de cette origine, puisque les Scythes n'étoient établis sur le Borysthene que depuis cent cinquante ans, lorsqu'il a voyagé dans ce pays.

Ce Targitaüs eut trois fils; l'aîné s'appelloit Lipoxaïs, le second Arpoxaïs, et le plus jeune Colaxaïs.

Sous leur regne, il tomba du ciel dans la Scythie, une charrue, un joug, une hache et une phiole d'or. L'aîné les apperçut le premier, et s'en approcha dans le dessein de les prendre; mais aussitôt l'or devint brulant. Lipoxaïs s'étant retiré, le second vint ensuite, et l'or s'emflamma de nouveau. Ces deux freres s'étant donc éloignés de cet or brûlant le plus jeune s'en approcha; et trouvant l'or éteint, il le prit et l'emporta chez lui. Les deux aînés, en ayant eu connoissance, lui remirent le Royaume en entier.

COMMENTAIRE.

On trouve une histoire assez semblable dans Abulgasi.

VI. Suite du Texte.

Ceux d'entre les Scythes, qu'on appelle Auchates, sont à ce qu'on dit issus de Lipoxaïs, ceux que l'on nomme Catiares et Traspies, descendent d'Arpoxaïs, le second des trois frères; et du plus jeune, qui fut Roi, viennent les Paralates. Tous ces peuples en général s'appellent Skolotes, du surnom de leur roi; mais il a plu aux Grecs, de leur donner le nom de Scythes.

COMMENTAIRE:

Il a plu aux Grecs. Voila la preuve directe de ce que j'ai dit, dans les origines Tschoudes On perd bientôt de vue les Auchates ou Glorieux, mais pour les Catiars et les Basiliens ou royaux on les suit jusqu'à nos jours. Le nom de Paralates est là pour Paralioi, voisins de la mer.

VII. Suite du Texte.

C'est ainsi que les Scythes racontent l'origine de leur nation. Ils ajoutent, qu'à compter de cette origine et de Targitaüs, leur premier roi, jusqu'au tems, où Darius passa dans leur pays, il n'y a pas en tout plus de mille ans, mais que certainement il n'y a pas moins. Quant à l'or sacré, les rois le gardent avec le plus grand soin Chacun d'eux le fait sortir tous les ans, et lui offre de grands sacrifices, pour se le rendre propice. Si celui qui a cet or en garde, s'endort le jour de la fête, en plein air, il meurt dans l'année, suivant les Scythes, et c'est pour le recompenser et le dedommager du risque qu'il court, qu'on lui donne toutes les terres, dont il peut dans une journée faire le tour à cheval. Le pays des Scythes étant très étendu, Colaxaïs le partagea en trois royaumes, qu'il donna à ses trois fils. Celui des trois royaumes, où l'on gardoit l'or tombé du ciel, étoit le plus grand, quand aux régions situées au nord et au dessus des derniers habitans de ce pays, les Scythes disent, que la vue ne peut percer plus avant, et qu'on ne peut y entrer à cause des plumes, qui y tombent de tous côtés. L'air en est rempli et la terre toute couverte, et c'est ce qui empêche la vue de pénétrer.

COMMENTAIRE.

Hérodote explique plus loin, que par plumes il faut entendre la neige.

VIII. Suite du Texte.

Voilà ce que les Scythes disent d'eux mêmes, et du pays situé au dessus du leur. Mais les Grecs, qui habitent les bords du pont Euxin, racontent: etc.

COMMENTAIRE.

Les Grecs s'étoient établis sur le pont Euxin sous l'Empire des Medes, et lorsqu'ils s'y établirent, le pays étoit habité par les Scythes-Tschouds, qui se divisoient aussi en trois peuples, à savoir les Scythes - Agricoles - Olbiopolites, les Gelons ou Budiniens et les Agathyrses. Tout cela n'a point de rapport aux Scythes - Sakes-Skolotes.

XI. Suite du Texte.

On raconte une autre histoire, à laquelle je souscris volontiers les Scythes Nomades qui habitoient en Asie, accablés par les Massa-Getes, avec lesquels ils étoient en guerre, passerent l'Araxe et vinrent en Cimérie, car le pays, que possedent aujourd'hui les Scythes, appartenoit autrefois aux Cimériens. Ceux-ci les voyant fondre sur leurs terres, délibérerent entr'eux sur cette attaque. Les sentiments furent partagés, et tous deux furent extrêmes, celui des Rois étoit le meilleur. Le peuple étoit d'avis, qu'il falloit se retirer et ne point s'exposer au hazard d'un combat contre une si grande multitude. Les Rois vouloient de leur côté, qu'on livra bataille à ceux, qui venoient les attaquer. Le peuple ne voulut jamais ceder au sentiment de ces Rois, ni les Rois suivre celui de leurs sujets. Le peuple étoit d'avis de se retirer sans combattre, et de livrer le pays à ceux, qui venoient l'envahir. Les Rois au contraire avoient décidé, qu'ils valoit mieux mourir dans la patrie, que de vivre avec le peuple. D'un côté ils envisageoient les avantages, dont ils avoient joui jusqu'alors, et d'un autre ils prévoyoient les maux, qu'ils auroient indubitablement à souffrir s'ils abandonnoient leur patrie.

Les deux partis persévérant dans leur premiere résolution, la discorde s'alluma entr'eux de plus en plus, comme ils étoient égaux en nombre, ils en vinrent aux mains; tous ceux, qui périrent dans cette ocasion, furent enterrés par parti du peuple près du fleuve Thyras, où l'on voit encore aujourd'hui leurs tombeaux. Après avoir rendu leurs derniers devoirs aux morts, on sortit du pays, et les Scythes le trouvant désert et abandonné, s'en emparerent.

XI. On trouve encore aujourd'hui dans la Scythie les villes de Cimmerium et de Porthmies Cimeriennes, on y voit aussi un pays qui retient le nom de Cimérie, et un Bosphore appellé Cimérien. Il paroit certain, que les Cimériens fuyant les Scythes, se retirerent en Asie, et qu'ils s'etablirent dans une presqu'île, où l'on voit maintenant une ville grecque appellée Syncpe. Il ne paroit pas moins certain, que les Scythes s'égarerent en les poursuivant. et qu'ils entrerent en Médie. Les Cimériens dans leur fuite cotoyerent toujours la mer. Les Scythes au contraire avoient le Caucase à leur droite, jusqu'à ce que s'étant détourné de leur chemin, et ayant pris par le milieu des terres, ils pénétrerent en Médie.

COMMENTAIRE.

Voyez tout ce passage entièrement expliqué dans ma table des Sarmates au septième siècle avant J. C. Et par Araxe il faut entendre ici l'Araxe, et non pas le Jaxarte. Je passe les articles subséquents, qui ne traitent que d'Aristée de Proconese, dont nous parlerons dans la suite.

XVII. Suite du Texte.

Après le port des Borysthénites, qui occupe justement le milieu des côtes maritimes de toute les Scythies, les premiers peuples qu'on rencontre sont les Callipides; ce sont des Grèco-Scythes. Au dessus d'eux sont Alazons. Ceux-ci et les Callipides observent en plusieurs choses les mêmes coutumes que les Scythes; mais il sement du bled et mangent des oignons, de l'ail, des lentilles et du millet. Au-dessus des Alazons habitent les Scythes laboureurs, qui sement du bled, non pour en faire leur nourriture, mais pour le vendre. Par-delà ces Scythes, on trouves les Neures. Autant que nous avons pu le savoir, la partie feptentrionale de leur pays n'est point habitée. Voila les nations situées le long du fleuve Hyppanis, à l'Oueft du Borythene.

COMMENTAIRE.

Le port des Borythénites occupoit le milieu non pas de toute la Scythie mais de l'ancienne Scythie.

On verra par la suite que les Callipides demeuroient depuis l'embouchure du Bog jusques à l'endroit où Bohopol est aujourd'hui. Les Scythes laboureurs depuis là jusque passé Pikow et Uladowka, et les Neures en Gallicie sur la rive droite du haut Dniester.

Les Callipides étoient des Grèco-Scythes, c'est-à-dire des Grècs melés aux Scythes-Tschouds comme étoient ceux de Gélonos.

XVIII. Suite du Texte.

Quand on a passé le Borysthene on rencontre d'abord l'hyllée vers les côtes de la mer. Au-dessus de ce pays sont les Scythes agricoles, les Grècs qui habitent les bords de l'Hyppanis les appellent Borysthénites, ils se donnent à eux mêmes le nom d'Olbiopolites.

COMMENTAIRE.

Parce qu'ils y avoient habité autrefois parce qu'ils étoient ces mêmes Scythes-Tschouds qui ont donné leur nom à la Scythie.

Suite du Texte.

Le pays de ces Scythes Agricoles a à l'est trois jours de chemin et s'étend le long du fleuve Panticapes, mais celui qu'ils ont au nord est de onze jours de navigation, en remontant le Borysthenes plus avant on trouve de vastes déserts au-delà desquels habitent les Androphages, nation particuliere et nullement Scythe. Au-dessus des Androphages, il n'y a plus que de veritables déserts, du moins l'on n'y renonce aucun peuple autant que nous avons pu le savoir.

COMMENTAIRE.

Les Scythes agricoles devoient probablement aussi cultiver des jardins, car ce nom de Pantikapes veut-dire *tout jardin* c'est la riviere que l'on appelle aujourd'hui Konskiewody.

XIX. A l'est de ces Scythes Agricoles au-delà du Panticapes, vous trouver les Scythes Nommades, qui ne sement ni ne labourent. Ce pays entier si vous en exceptez l'Hylée, est sans arbres. Ces Nomades occupent à l'est une etendue de quatorze jours de chemin, jusqu'au fleuve Gerrhus.

COMMENTAIRE.

Aujourd'hui encore tout le pays est sans arbres à l'exception de l'Hylée où il y en a quelques uns. Les Nomades proprement dits sont les Hyppomolgues 1 Homere est nos Nogaïs, le fleuve Gerrhus est le Moloschne-Vody.

XX. Au-delà du Gerrhus, est le pays des Scythes Royaux. Ces Scythes sont les plus braves et les plus nombreux; ils regardent les autres comme leurs esclaves. Ils s'étendent du côté du midi, jusqu'à la Taurique, et à l'est, jusqu'au fossé que creuserent les fils des esclaves aveugles, et jusqu'à Crèmnes, ville commerçante sur le Palus Méotis. Il y a même une partie de cette nation qui s'étend jusqu'au Tanaïs. Au nord, au-dessus de ces Scythes Royaux, on rencontre les Mé-

lanchlaenes, peuple qui n'est point Scythe. Au - delà des Mé-
lanchlaenes, il n'y a autant que nous pouvons le savoir, que
des marais et des terres sans habitans.

COMMENTAIRE.

Voici donc les véritables Scythes Katiars et Basiliens, il s'étendoient sur toute la droite de Palus depuis le Bosphore jusques à
Pérécop et de-là jusques au Don.

XXI. Le pays au - delà du Tanaïs n'appartient pas à la
Scythie: il se partage en plusieurs contrées. La premiere est
aux Sauromates. Ils commencent à l'extremité du Palus - Méotis, et occupent le pays qui est au Nord; ils est de quinze
journées de marche: on n'y voit ni arbres fruitiers, ni sauvages.
La seconde contrée au-dessus des Sauromates et habitée par
les Budins, elle porte toutes sortes d'arbres en abondance. Mais
au - dessus des Budins, en tirant vers le nord, le premier pays
où l'on entre est un vaste désert de sept jours de chemin.

COMMENTAIRE.

Les Budins étoient probablement des Tschouds et habitoient au-
dessous de Woronetz.

XXII. Suite du Texte.

Après ce désert en déclinant vers l'Est, vous trouvez
les Thyssagetes. C'est une nation particulière et nombreuse,
qui ne vit que de sa chasse. Les Turcs leurs sont contigus,
ils habitent le même pays, et ne vivent aussi que de gibier,
qu'ils prennent de cette manière: comme tout est plein de bois, les
chasseurs montent sur un arbre, pour épier et attendre une
bête. Ils ont chacun un cheval dressé à se mettre ventre à
terre, afin de paroître plus petit, ils menent aussi un chien
avec eux. Aussitôt que le chasseur du haut de l'arbre apper-
çoit la bête à portée, il l'atteint d'un coup de flêche, monte

sur son cheval, et la poursuit avec son chien, qui ne le quitte point.

COMMENTAIRE.

On a déjà vu, que les Thyssagetes ou Getes mobiles étoient des espèces d'Alains. Quand aux Turcs ils ne sont mentionnés nulle part ailleurs, ni par Hérodote ni par aucun autre écrivain. Au contraire Pline et Méla, qui ont bien certainement copié ce passage, ont lu Thyssagetes et Turcs. Je dis donc, qu'il faut lire Turcs, et alors on sera d'accord avec les Orientaux, qui regardent le nom de Turcs comme le plus ancien, que l'on ait donné à cette race.

XXIII. Suite du Texte.

Au-delà des Turcs, en avançant vers l'est, on trouve d'autres Scythes qui ayant secoué le joug des Scythes royaux sont venu s'établir en cette contrée.

COMMENTAIRE.

Et c'est là probablement le commencement des Tartares de Siberie.

XXIV. Suite du Texte.

Tout le pays, dont je viens de parler, jusqu'à celui des Scythes, est plat, et les terres en sont excellentes et fortes, mais au-delà il est rude et pierreux. Lorsque vous en avez traversé une grande partie, vous trouvez des peuples, qui habitent au pied de hautes montagnes. On dit, qu'ils sont tous chauves de naissance hommes et femmes, qu'ils ont le nez applati et le menton allongé. Ils ont une langue particulière, mais ils sont vêtus à la Scythe. Enfin ils vivent du fruit d'une espèce d'arbre appellé Pontique, cet arbre a peu-près la grandeur d'un figuier, porte un fruit à noyaux de la grosseur d'une fève. Quand ce fruit est mûr, ils le pressent dans un morceau d'étoffe, et en expriment une liqueur noire et épaisse, qu'ils appellent Aschy. Ils sucent cette liqueur,

et la boivent mélée avec du lait. A l'égard du marc le plus
épais, ils en font des masses, qui leurs servent de nourriture,
car ils ont peu de bétail faute de bons paturages. Ils demeurent toute l'année chacun sous un arbre. L'hyver ils couvrent
ces arbres d'une étoffe de laine blanche, serrée et foulée,
qu'ils ont soin d'ôter pendant l'été. Personne ne les insulte,
on les regarde en effet comme sacrés. Ils n'ont en leur possession aucune arme offensive, leurs voisins les prennent pour
arbitres dans leurs differents, et quiconque se réfugie dans leur
pays, y trouve un asyle inviolable, ou personne n'ose l'attaquer. On les appelle Argipéens.

COMMENTAIRE.

Argipéens veut dire fainéans, oisifs. Il paroit ici, qu'il s'agit de
prêtres Kalmouks, qui sont consacrés et rasés dès leur naissance, ce
qu'Hérodote appelle chauve de naissance, — le menton avancé, le
nez applati, une langue particulière, vêtus à la Scythe et vivants
au pied des montagnes, tout cela y convient parfaitement.

Quand à la liqueur épaisse et noire, que les Argipéens expriment dans leur lait, je dirai que Aschy en Tartare, Aske en Kal-
mouke veut dire un acide ou plutôt uns jus acide, et que les
Kalmouks sont dans l'usage d'exprimer des fruits dans leur lait
aigre de jument, ceux du Wolga employent à cela la baye d'une
petite plante appellée Zergene.

Les feutres blancs, dont les Argipéens couvroient leurs arbres,
sont encore aujourd'hui les seuls toits en usage chez les Kalmouks.

XXIV. Suite du Texte.

Pour arriver jusqu'à ces chauves, on traverse un pays
immense, et l'on voit des nations nombreuses, quelque chemin
que l'on prenne, et de quelque part que l'on parte. Les Scythes, qui font ce voyage, ont besoin de sept interpretes pour
sept langues differentes.

COMMENTAIRE.

Il s'agit apparemment ici de caravanes de marchands Scythes, et
Greco-Scythes, qui partoient d'Olbia et alloient jusqu'au marché

franc et sacré des prêtres Kalmouks , au quel cas les sept nations étoient

1. Les Callipides, peuple Greco-Scythe, que des Grecs auroient peut être pu comprendre, mais pour qui les marchands Scythes avoient besoin d'interpretes. Ils habitoient le long du Bog d'Olbia jusqu'à Bohopol.

2. Les Scythes agricoles de race Tschoude; ils habitoient sur le Dnieper, et les Molochne Wody, c'est à dire onze journées de chemin en remontant depuis l'embouchure des Moloschne Wody.

3. Les Budins ou Budiniens, peuple roux de race Tschoude, chez qui étoit une ville grecque appellée Gelonos. Ils habitoient à la gauche du Tanaïs, depuis sa source jusqu'à son rapprochement du Wolga. En sortant de chez les Budiniens, l'on entroit dans un désert de huit journées de chemin, c'est ce même désert, où Darius s'arrêta sur le Choper, et comme il alla vers le Nord, on peut supposer, que la ville de Gelonos, dont il venoit devoit être assez près de oust Chopersk.

5. Les Thyssa - Getes ou Getes mobiles sorte d'Alains, qui habitoient à la droite du Wolga depuis Niz - Nowogorod jusque vers Saratow.

6. Les Turcs, desquels sont issus beaucoup de peuples, et entre autres les Baszkirs, qui habitent cet ancien pays des Turcs.

7. Les Saces, déserteurs des Skolotes, qui habitoient à l'est des Turcs, et qui sont le premier commencement des Tartares de Sibérie.

Enfin les caravanes arrivoient au marché franc et sacré des moines Kalmouks. Vers le pays, où l'on trouve encore aujourd'hui les ruines des temples de Semplatna, ruines, qui sans doute ne remontent pas au tems d'Hérodote, mais qui occupent à peu près le même emplacement, que l'ancien asyle sacré des chauves-oisifs, au petit nez et au grand menton.

Toute cette route des caravanes explique bien le grand commerce d'Olbia.

Suite du Texte.

Jusque là on connoit assez bien tout le pays, mais personne ne peut dire avec certitude, ce qu'il y a au-dessus de ces chauves, car des monts escarpés et élevés s'opposent à la communication, et personne ne va au-delà.

COMMENTAIRE.

Ces monts sont précisement ceux des mines de la Sibérie vers Kolyvan et Barnaoul.

Suite du Texte.

Ces chauves racontent à cet égard des choses, auxquelles je n'ajoute point de foi. Ils disent, que ces montagnes sont habitées par des hommes capripedes, et qu'au-delà il y a des hommes, qui dorment six mois, ce que pourtant je n'admets point.

COMMENTAIRE.

Ces hommes, qui dorment six mois, sont apparemment ceux, chez qui la nuit dure six mois. Quand aux hommes capripedes, Cynocephales et autres bien plus monstrueux, je puis protester, qu'on m'a fait les mêmes histoires chez les Kalmouks, et qu'on les placoit sur ce prolongement de la chaine de Sibérie, et je me rappelle aussi, que l'on m'a fait en Afrique les mêmes contes, que l'on trouve rapportés dans Pline. J'observe cependant, qu'Hérodote avertit toujours qu'il ne croit point, et qu'ainsi c'est très injustement, qu'on l'accuse de credulité ou de mensonge.

Suite du Texte.

On sait a n'en pouvoir douter, que le pays à l'est des chauves est habité par les Issedons, mais ce qui est au nord, est inconnu tant aux Chauves qu'aux Issedons.

COMMENTAIRE.

Issedones me paroit être une corruption de I-t, Istaki, qui veut dire chez quelques Tartares une nation lointaine. Mais quoiqu'il en soit de cette étymologie, les Issedons d'Hérodote sont surement les Ouigours Sizyges ou Tschesu dés écrivains Chinois, qui à cette époque habitoient à l'orient des Kalmouks. Ces Ouigours et Huns, appellés improprement Messagetes par Procope, avoient des femmes dans leurs armées comme les Issedons. Voyez l'article suivant.

Suite du Texte.

Voici quelles sont à ce que l'on dit les moeurs des Is-sedons. Lorsqu'un père de famille meurt, tous ses proches amenent du bétail, qu'ils immolent et coupent en petits morceaux. Ils coupent aussi en petits morceaux le corps de leur père defunt, mêlent toutes ses chairs, et en font un festin, quand à la tête du défunt ils la nettoyent, l'adorent et s'en servent comme d'une image, à laquelle ils offrent des sacrifices tous les ans. Voilà les honneurs, que le fils y rend à son père. Chez les Grecs au contraire il célèbre le jour de sa naissance. Au reste on dit, que ce peuple observe la justice, et que les femmes y sont aussi courageuses que les hommes.

On connoit donc assez bien les Issedons. Mais le pays au-dessus d'eux est habité (disent les Issedons) par des hommes, qui n'ont qu'un oeil et des Griphons qui gardent l'or.

Les Scythes tiennent toutes ces notions des Issedons, et nous les tenons des Scythes, mais nous croyons devoir donner à ces hommes monocules le nom Scythique d'Arimaspes (où nous croyons leur donner un nom Scythique, en les appellant Arimaspes), car les Scythes appellent Arima un, et Spou un oeil.

COMMENTAIRE.

Il paroit, que d'anciens manuscripts d'Hérodote ont eu Ari un, et Maspos oeil. Mais si l'un ni l'autre n'a d'étymologie dans les langues d'aujourd'hui, peut-être ces mots appartenoient-ils à la langue des Issedons-Ouigours, qui est aujourd'hui perdue, si bien que les Kalmouks disent encore proverbialement: Je ne comprens pas cet homme, ce sera quelque Ouigour. On fait encore chez les Kalmouks des contes sur ces hommes monocules, et sur les Griphons, que les Mythologues Persans connoissent aussi sous les noms de de Simourg-Anka et Anka-Kouchi. Au reste tout l'article des Ari-

maspes paroit pris dans les Arimaspiques d'Aristée de Proconese.
sorte de charlatan, qui se donnoit pour immortel, et qui avoit fait
un voyage en Scythie environ 150 ans avant Hérodote. Probablement il avoit suivi les caravanes des Scythes, et étoit allé jusque
chez les Chauves, à son retour il avoit écrit son voyage, et l'avoit
écrit en vers, car dans ce tems-là on n'écrivoit pas encore en pro-
se, cet espece de poëme étoit intitulé les Arimaspiques, et quelques vers en sont parvenu jusqu'à nous.

Suite du Texte.

Toute cette contrée est tellement exposée à la rigueur
du froid, qu'à peine on peut l'y supporter. Chez nous l'on
produit de la boue en répandant de l'eau sur la terre, et là
en y faisant du feu. La mer même y gele et surtout le Bosphore Cimérien, et les Scythes, qui sont en deçà du fossé, y
conduisent leurs armées. Ils y menent aussi leurs chariots et
vont jusqu'aux Indes.

COMMENTAIRE.

Ils alloient aux Indes en traversant sur la glace le Wolga, le Jaik
et suivant ensuite le cours du Syrdaria.

Suite du Texte.

L'hyver dure huit mois dans ces contrées, et dans les
quatre autres mois on éprouve encore des froids assez vifs.
L'hyver offre aussi d'autres circonstances que dans les autres
pays, car il n'y pleut point dans notre saison des pluyes,
mais au contraire il y pleut tout l'été. Dans le tems, où les
tonnères sont frequents chez nous, il n'y en n'a point en Scythie. L'été y est orageux, mais un coup de tonnère en hyver y passeroit pour un prodige. Les tremblements de terre
y sont si rares tant en été qu'en hyver, qu'ils passent pour
des prodiges. Leurs chevaux supportent toute la rigueur de
l'hyver, et les mulets ni les ânes n'en pourroient même supporter les approches, tandis que chez nous les mulets et les

ânes supportent notre hyver mieux que ne feroient nos chevaux, et voilà pourquoi les boeufs n'ont pas de cornes en Scythie.

COMMENTAIRE.

Cette race de boeufs sans cornes n'existe plus de nos côtés, mais il y en a plus vers l'est, à ce que j'ai entendu dire.

*S*uite du Texte.

Homére vient à l'appui de mon sentiment, lorsqu'il dit dans l'Odyssée:

En Lybie les agneaux ont bientôt des cornes.

Ce qui veut dire, que les cornes viennent vîte dans les pays chauds, tard ou point du tout dans les pays froids. Voilà donc les effets, que le froid a en Scythie.

Quand aux plumes, qui remplissent, dit-on, l'air en Scythie et empêchent de voir et d'avancer, voici ce que j'en pense: c'est qu'au delà de la Scythie il neige toujours, plus cependant l'hyver que l'été, or il est certain, que la neige ressemble à des plumes, sur-tout quand on voit neiger de quelque endroit élevé. Cette neige doit rendre tout-à-fait inhabitables les pays, qui sont fort au nord. Je pense donc, que les Scythes appellent cette neige des plumes, et que les nations des environs l'expriment aussi de la même manière. Mais en voilà assez sur ce que l'on trouve en Scythie.

Quand aux Hyperboréens personne n'en parle ni d'entre les Scythes, ni d'entre les autres nations qui habitent ces contrées, à l'exception des Issedons, mais ce qu'ils en disent merite peu d'attention autrement les Scythes en parleroient aussi comme ils parlent de ces hommes Monocules. Homere et Hésiode parlent des Hyperboréens et les Déliens ont beaucoup de choses à en dire etc.

COMMENTAIRE.

Ici commence l'histoire des Hyperboréens Slaves, qu'on a vu dans les origines Slaves, on voit qu'Hérodote tombe ici dans une singuliere erreur, Hyperboréens veut dire hommes qui habitent aux extrémités du Nord. Les Hyperboréens des Issedons étoient des Tunguses qui avoient six mois de nuit, les Hyperboréens des Grècs étoient les Riphéens ou Slaves, qui habitoient aux embouchures du Niemen et de la Dwina. Mais ces Hyperboréens à qui les Grècs devoient une partie de leur Réligion étoient si célèbres qu'Hérodote les cherchoit partout.

Autre Texte.

Le Pont Euxin où Darius fit son expédition nous présente les plus ignorantes de toutes les nations à l'exception de la nation Scythique. Effectivement ces nations intérieures du pont n'ont rien inventé de ce qui appartient à la sagesse, et n'ont produit aucun homme sage. J'en excepte la nation Scythe et Anacharsis qui en étoit.

Voici par exemple une chose singuliere que les Scythes ont inventé, c'est que nul homme qui est chez eux ne peut s'enfuir, et qu'eux même ne peuvent être ni trouvés ni atteints ni pris. Car ils n'ont ni villes ni murailles; ils portent leurs maisons avec eux, il sont cavaliers et bons archérs, ils ne mangent point de pain et vivent de leur bétail. Leurs demeures se mettent sur des chariots, et ailleurs ils ne seroient point capables de combâttre.

COMMENTAIRE.

La phrase Grèque est ici assez obscure, il paroit qu'il s'agit des Tabors sortis de retranchements de chariots, derriere lesquels les Tartares se défendent quelque fois avec avantage. Au reste ces maisons que l'on mettoit sur des chariots sont précisément les Otaou des Tartares.

Suite du Texte.

Voilà les choses qu'ils ont inventé pour la défense de leur pays, qui est humide et coupé de plus de fleuves qu'il n'y a de canaux en Egypte.

LI. Autre Texte.

L'Ister est donc un des fleuves qui coule dans la Scythie, on rencontre ensuite le Thyras, il vient du Nord et sort d'un grand lac qui sépare la Scythie de la Neuride.

COMMENTAIRE.

Ce lac est celui de Komarno, qui n'est plus aussi grand qu'autre fois. Ce passage nous donne une des frontieres de la Scythie.

Suite du Texte.

Les Grècs qu'on appelle Tyrites habitent à l'embouchure du Tyras.

COMMENTAIRE.

Les villes des Grècs Tyrites, Nikosia, Ophiusa, Hermonactus et le Phare de Neoptolemes. Leurs situations se peuvent déterminer encore facilement par celle des Tertres - Sépulchres que l'on ne peut creuser sans y trouver des antiquités Grèques à la verité d'assez peu de prix. J'ai fait ce voyage dans l'année 1800, et j'ai assez bien reussi à déterminer toute l'ancienne Géographie des bords du Thyras, j'ai entre autre retrouvé l'isle des Thyrigètes dont il est question dans Pline, et dont on m'avoit nié l'existence. Elle est formée par le Dniester et par un bras du fleuve qui porte encore aujourd'hui le nom de Turunczuk ou petit Tyras.

LII. Suite du Texte.

L'Hyppanis est le troisieme fleuve, il vient de la Scythie et sort d'un grand lac, autour duquel paissent des chevaux blancs et sauvages.

COMMENTAIRE.

Les chevaux sauvages ont peut-être donné leur nom à l'Hyppanis, lorsque j'ai traversé le Step en l'année 1784, il y en avoit encore dans les campagnes où l'Ingul tombe dans l'Hyppanis.

Suite du Texte.

Le lac s'appelle avec raison *Mere de l'Hyppanis.*

COMMENTAIRE.

On trouve encore la trace de ce lac au-dessus de de Mendziboz, mais en général les Lacs, formées dans la terre et non dans le rocher tendent toujours à élargir leur canal de décharge, et la depense devenant plus grande que la recette ils finissent par disparoitre tout à fait, de-là vient que des Lacs dont parle Hérodote, les uns ont beaucoup diminué et d'autres n'existent plus.

Suite du Texte.

Cette riviere qui prend sa source dans ce lac est petite, et son eau est douce pendant l'espace de cinq journées de navigation, mais ensuite et à quatre journées de la mer elle devient très amere, cette amertume provient d'une fontaine qu'elle reçoit et qui est si amere que quoique fort petite, elle ne laisse pas de gâter toutes les eaux de cette riviere qui est de grandeur moyenne. Cette fontaine est sur les frontieres du pays des Callipides et des Alazons, et porte le même nom que l'endroit d'où elle sort. On l'appelle en langue Scythe Exampée qui signifie en Grec vóyes sacrées.

COMMENTAIRE.

Hérodote dit que la fontaine étoit sur la frontiere des Scythes cultivateurs, mais j'adopte la leçon de Jule Solin, la seule qui puisse s'accorder avec les distances. — Ensuite je dis que remontant quatre journées de deux cent stades chacune depuis la l'embouchure, ou bien en descendant cinq journées, depuis la source on trouve toujours la ville de Bohopol bâtie sur le confluent du Bog avec la Sina-Woda ou eau terne bleue. J'y fus en l'année 1800 en revenant de Crimée, et la premiere chose que l'on me dit avant que je fusse descendu du bac, étoit que l'on ne buvoit jamais de l'eau de cette riviere, parce qu'on la croyoit malfaisante et que cette mauvaise qualité venoit de quelques sources ameres qu'il y avoit dans les environs. Voilà peut-être ce que l'on a dit à Hérodote. Cependant il n'est pas vrai que cette amertume se communique à la Sina-Woda et moins encore au Bog, mais ils est vrai que les eaux de celuici deviennent très ameres fort au-dessus de son embouchure lorsque les vents du Sud y font remonter les eaux de la mer. Hérodote écrivoit ce qu'on lui disoit, c'étoit la maniere des Grècs, de-là la confusion de leurs histoires parceque chaque ville avoit ses traditions.

Suite du Texte.

Le Tyras et l'Hyppanis s'approchent l'un de l'autre dans le pays des Alazons, mais bientôt après ils se détournent et laissent entr'eux un grand intervalle.

COMMENTAIRE.

Ce qu'Hérodote dit du rapprochement du Dniester et du Bog est si vrai que Gatterer en a conclu, avec assez de raison qu'il doit avoir eu sous les yeux une carte de la Scythie.

LIII. Suite du Texte.

Le Borysthene est le quatrieme fleuve et le plus grand de ce pays après l'Ister, c'est aussi, à mon avis, le plus fécond de tous les fleuves, non-seulement de la Scythie mais du monde, si l'on excepte le Nil, avec lequel il n'y en n'a pas un qui puisse entrer en comparaison. Il fournit au betail de beaux et d'excellens pâturages. On y pêche abondamment toutes sortes de bons poissons. Son eau est très agreable à boire, et elle est toujours claire et limpide, quoique les fleuves voisins soient limoneux. On recueille, sur ses bords, d'excellentes moissons, et dans les endroits où l'on ne seme point, l'herbe y vient fort haute et en abondance. Le sel se crystallise de lui-même, à son embouchure, et en grande quantité. Il produit de gros poissons sans arrêtes, qu'on sale: on les appelle

antacées.   On y trouve aussi beaucoup d'autres choses dignes
d'admiration.

*Le fleuve vient du nord et coule navigable pendant quarante
journées, jusques au pays appellé Gherrus,* mais on ne connoit
ni les pays qu'il traverse plus haut ni les nations qui habitent sur ses bords. Il y a néanmoins beaucoup d'apparence qu'il
coule à travers un pays désert, pour venir sur les terres des
Scythes agricoles, les Scythes habitent sur ses bords pendant
l'espace de dix journées de navigation.   Ce fleuve et le Nil
sont les seuls dont je ne puis indiquer les sources, et je ne
crois pas qu'aucun Grèc en sache d'avantage.   Quand le Borysthenes est près de la mer l'Hyppanis mèle avec lui ses eaux,
en se jettant dans le même Liman.   La langue de terre qui est
entre ces deux fleuves s'appelle le promontoire d'Hippolaus,
on y a bâti un temple à Ceres.   Au-delà de ce temple vers
les bords de l'Hyppanis habitent les Borysthénites.

COMMENTAIRE.

Non pas les Scythes Borysthenites, mais les Grècs habitants d'Olbia ou Borysthenis.

Dans les mots souslignés j'ai changé la traduction de Mr. Larcher pour rendre le Grèc mot-à-mot: *Le fleuve coule navigable
jusques aux Gherres* où il n'est plus navigable à cause des cataractes.

LIV. Suite du Texte.

On rencontre ensuite le Pantikapes, et c'est la cinquieme
riviere, elle vient aussi du nord, sort d'un lac, entre dans l'Hyllée et après l'avoir traversée, elle mèle ses eaux avec celles
du Borysthenes. Les Scythes Agricoles habitent entre ces deux
rivieres.

COMMENTAIRE.

Le Pantikapes est le Konskie-Wody. d'aujourd'hui.   Cette riviere
tombe veritablement dans le Borysthene, sort au dessus de l'Hyllée,

mais il est véritable qu'elle en ressort y rentre encore et en ressort de nouveau du moins les habitants le croyent et de-là vient que l'on a toujours donné un autre nom au coté droit et au coté gauche du fleuve, parce qu'on regardoit le coté gauche comme une continuation du lit des Konskie-Wody; voici l'histoire de cette nomenclature tirée de mon Peryple du pont Euxin imprimé à Vienne en 1790.

Le nom de Borysthenes est Grèc; il veut dire le *détroit septentrional.* Il est probable qu'on aura d'abord donné ce nom à l'embouchure du Liman, puis au fleuve lui même. Dans ce tems-là les Scythes Agricoles chassés d'Olbia par les Grèes cultiverent les bords des Konskie Wody et les Grèes donnerent à cette riviere le nom de Pantikapes qui veut dire tout jardin.

Le nom de Nusacus que la table peutigeriene donne au Dnieper est Grèc barbare. Il a rapport à l'air malsain du pays.

Le nom de Danaper qu'on trouve pour la premiec fois dans Constantin Porphyrogenète est surement pris dans la langue des Sarmates Jazyges et Jornandes parlant d'evenements du quatrieme siecle designe les Konskie - Wody tous le nom d'Erac.

Environs un siecle et demi après les tems de Constantin Porphyrogenete, les Ous ou Ghoz ont donné au Dnieper le nom de Ossu, et c'est encore aujourd'hui le nom dont se servent les Turcs, les Ouz sont les Turcmans ou Truchmency.

Pierre Visconti Génois dont la carte est de l'année 1318, désigne clairement deux lits différents, et met d'un coté du fleuve aussi bien que de l'autre *Flumena d'Ellexe* ce qui prouve qu'il donnoit le même nom au Dnieper et aux Konskie - Wody.

Josaphat Barbaro qui voyageoit en 1436, appelle le Dnieper Elice

Contarini qui voyageoit en 1473 dit la Finmara chez si Chiama Danambre nelle loro lingua nella nostra Leresse.

Jean de Luca qui ne dit pas dans quelle année il a voyagé appelle le Dnieper l'Exi et plus loin l'Exii.

Graciosus Benincasa dont la carte est de l'année 1480, ne donne aucun nom au Dnieper, mais il est le premier qui designe les Konskie - Wody sous le nom d'Erexe, qui ne s'éloigne pas essentiellement du nom d'Erac que lui donne Jornandes.

Hoctomanne Freduce qui étoit d'Ancone aussi bien que Benincasa et qui a fait sa carte en 1493 se conforme en tout à son compatriote.

Le Génois Baptiste dont la carte est de l'année 1505 donne au Dnieper le nom de Lussem.

L'Atlas anonyme de Wolfenbuttel met Borysthne fiume et plus bas F. Lussem, puis Orexe.

Enfin le nom que cette riviere porte aujourd'hui n'a aucun rapport avec tous les précédents. Les Tartares l'appellent At - su, eau du cheval et les Russes Konskie - Wody qui veut dire la même chose. Cette digression étoit très nécessaire, car cette riviere conservant son nom même après sa jonction avec le Dnieper avoit induit en erreur, et Pline et beaucoup d'autres Géographes.

LV. Suite du Texte.

La sixieme riviere est l'Hypacaris; elle sort d'un lac, traverse par le milieu les terres des Scythes Nomades, et se jette dans la mer près de la ville de Carcinitis, enfermant à droite le pays d'Hyllée et ce que l'on appelle la course d'Achile.

COMMENTAIRE.

Cette très petite riviere s'appelle aujourd'hui Kalanczak. Hypacaris, veut dire tête de cheval, et il paroit qu'on donnoit aussi le même nom à l'Urluk, comme si la presqu'île étoit attelée de deux chevaux, cette derniere riviere a aussi été appellé Hyppanis ce qui a donné lieu à des erreurs considerables.

LVI. Suite du Texte.

Le septieme fleuve est le Gerrhus, il s'éloigne du Borysthene vers l'endroit où ce fleuve commence à être connu depuis le Gerrhus pays qui lui donne son nom. En coulant vers la mer il sépare les Nomades des Scythes royaux, et se jette dans l'Hypacaris.

COMMENTAIRE.

Le Gerrhus est proprement le Takmak, et depuis l'embouchure du Takmak les Moloschne - Wody dans lesquelles il tombe, Hérodote dit qu'il tombe dans le Hypacaris, mais il faut entendre ici l'Ut. luk et non pas le Kalanczak, Pline est le véritable guide pour cette partie de la Géographie. De nos jours le Gerrhus formoit encore un lac à son embouchure, mais lorsque j'y ai passé en 1798 ce lac étoit entierement desséché, aussi bien que tous les lits du torrent qui porte le nom d'Utluk. Ce n'est pas la faute de Mr. Larcher s'il n'a pas saisi cette Géographie, qu'on ne trouve dans aucun écrivain, et que je ne saurois pas moi-même si je n'a. vois voyagé, avec le seul projet de m'en instruire. Depuis que j'ai écrit ceci, j'ai trouvé les mêmes notions géographiques dans l'ou. vrage du savant Métropolite de Mohilew.

LVII. Suite du Texte.

Enfin le huitieme fleuve est le Tanaïs. Il vient d'un pays fort éloigné, et sort d'un grand lac d'où il se jette dans un autre encore plus grand qu'on appelle Méotis, qui sépare les Scythes royaux des Sauromates. L'Hyrgis se décharge dans le Tanaïs.

COMMENTAIRE.

Le Tanaïs est le Don, le Hyrgis est le Donec.

LVIII. Suite du Texte.

Tels sont les fleuves célebres dont la Scythie a l'avantage d'être arrosée, l'herbe que produit ce pays est la meilleure pour le bétail et la plus succulente que nous connoissions, comme on peut le remarquer en ouvrant les bestiaux qui s'en sont nourris. Les Scythes ont donc en abondance les choses les plus nécessaires à la vie.

LIX. Quand à leurs autres lois et coutumes les voici telles qu'elles sont établies chez eux. Ils cherchent à se rendre propices principalement Vesta ensuite Jupiter et la Terre qu'ils croyent femme de Jupiter et après ces trois divinités, Apollon, Vénus Uranie, Hercule et Mars. Tous les Scythes reconnoissent ces divinités. En langue Scythe Vesta s'appelle Tabiti, Jupiter, Papaeus, nom qui à mon avis lui convient parfaitement.

La terre Appia, Apollon, Oetasyrus, Venus, Uranie Diane Artympasa, Neptune Thammimasadas. Ils élévent des autels, des statues et des temples à Mars et n'en n'élevent qu'à lui seul.

COMMENTAIRE.

A l'exception de Tabiti et d'Appia tous ces noms sont Grècs et ceux qui se sont donné la peine d'y chercher des étymologies barbares se sont donné une peine inutile.

LX. Suite du Texte.

Les Scythes sacrifient de la même maniere dans tous leurs lieux sacrés, ces sacrifices se font ainsi. La victime est debout les deux pieds de devant attachés avec une corde, celui qui doit l'immoler se tient derrière, tire à lui le bout de la corde et la fait tomber, tandis qu'elle tombe il invoque le Dieu auquel il veut la sacrifier. Il lui met ensuite une corde au cou et serre la corde, avec un bâton qu'il tourne, c'est ainsi qu'il l'étrangle sans allumer du feu, sans faire de libations, et sans aucune autre cérémonie préparatoire à la victime étranglée, le sacrificateur la dépouille et se dispose à la faire cuire.

COMMENTAIRE.

On pratique encore quelque chose de semblable dans les sacrifices que font les Tscheremisses et quelques peuples Tartares.

LXI. Suite du Texte.

Comme il n'y a point de bois du tout en Scythie, voici comme ils ont immaginé de faire cuire la victime. Quand ils l'ont dépouillée, ils enlevent toute la chair qui est sur les os, et la mettent dans des chaudieres, s'il se trouve qu'ils en ayent. Les chaudieres de ce pays ressemblent beaucoup aux

16 *

crateres de Lesbos excepté qu'elles sont beaucoup plus grandes. On allume dessous du feu avec les os de la victime. Mais s'ils n'ont point de chaudieres, ils mettent toutes les chairs avec de l'eau dans le ventre de l'animal et allument les os dessous. Ces os font un très bon feu, et le ventre tient aisement les chairs désossées, ainsi le boeuf se fait cuire lui même, pareille chose s'observe à l'égard des autres victimes, quand le tout est cuit le sacrificateur offre les premices de la chair et des entrailles en les jettant devant lui, ils immolent aussi d'autres animaux et principalement des chevaux.

COMMENTAIRE.

Cette maniere de cuire la viande est encore en usage chez les Kalmouks, on coupe en morceaux toute la chair d'un boeuf et on la met toute entiere dans son éstomac puis on met cet estomac dans une chaudiere, on fait du feu de fumier dessous, et l'on y jette les os qui étant encore gras entretiennent la flamme, et l'os lui même sans s'enflammer conserve la chaleur, ainsi comme le dit Hérodote le boeuf se cuit lui même. Mais je ne comprens pas comment l'estomac pourroit resister à l'action du feu, à moins qu'on ne l'enduisit de quelque terre. Quelques Tartares mettent des pierres rougies dans l'estomac, et l'agitent pour l'empécher de bruler.

LXX. Suite du Texte.

Telles sont les espèces d'animaux que les Scythes sacrifient à leur dieux, et tels sont leurs procédés. Mais voici les rits qu'ils observent à l'égard du Dieu Mars. Dans quelques nomes, on lui éléve un temple de la maniere suivante, dans un champ destiné aux assemblées de la nation, on entasse des fagots de même bois, et l'on en fait une pile de trois stades en longeur et en largeur, et moins en hauteur. Sur cette pile on pratique une espece de plate-forme carrée, dont trois côtés sont inaccessibles; le quatrieme va en pente de maniere qu'on puisse y monter. On y entasse tous les ans cent cinquante charretées de même bois, pour relever cette pile qui s'affaisse par les injures des saisons. Au haut de cette pile; chaque nation Scythe plante un vieux cimeterre de fer qui leur tient lieu de simulacre de Mars. Ils offrent, tout les ans, à ce cimeterre, des sacrifices de cheveaux et d'autres animaux; et lui immolent plus de victimes qu'à tous les autres Dieux, ils lui sacrifient aussi le centieme de tous les prisonniers qu'ils font sur leurs ennemis; mais non de la même maniere que les animaux: la cérémonie en est bien differente. Ils font d'abord des libations avec du vin sur la tête de ces victimes humaines, les égorgent ensuite sur un vase, portent ce vase au haut de la pile, et en répandent le sang sur le cimeterre. Pendant qu'on porte ce sang au haut de la pile ceux qui sont au bas coupent le bras droit, avec l'épaule à tous ceux qu'ils ont immolés, et les jettent en l'air. Lorsqu'ils ont ainsi mutilé toutes les autres victimes, ils se retirent: le bras reste où il tombe, et le corps demeure étendu dans un autre endroit.

LXIII. Tels sont les sacrifices établis parmis ces peuples, mais ils n'immolent jamais de pourceaux, et ne veulent pas même en nourrir dans leur pays.

COMMENTAIRE.
Aujourd'hui même les Kalmouks n'élévent point de cochons, bien que leur réligion ne le defende point.

LXIV. Suite du Texte.

Quand à la guerre voici les usages qu'ils observent. Un Scythe boit du sang du prémier homme qu'ils renverse, coupe la tête à tous ceux qu'il tue dans les combats et la porte au Roi. Quand il lui a présenté la tête d'un ennemi il a part à tout le butin sans cela il en seroit privé.

COMMENTAIRE.
Cet usage s'est encore conservé chez les Turcs, qui sont de la même race que les Sakes puisqu'ils sont Schadgian, mais d'une tribu un peu différente.

Suite du Texte.

Pour écorcher une tête, le Scythe fait d'abord une incision tout à l'entour vers les oreilles et la prenant par le haut, il en arrache la peau en la secouant, il pétrit ensuite cette peau entre ses mains, après en avoir enlevé toute la chair, avec une côte de bœuf et quand il l'a bien amollie, il s'en sert comme d'une serviette, il la suspend à la bride du cheval qu'il monte et s'en fait honneur, car plus un Scythe peut avoir de ces sortes de serviettes, plus il est estimé vaillant et courageux.

COMMENTAIRE.

Je serois tenté de croire que les houpes de crins et de soye que les Turcs attachent au poitrail de leurs chevaux sont une suite de cet usage.

Suite du Texte.

Il s'en trouve beaucoup qui cousent ensemble des peaux humaines comme des capes de bergers, et qui s'en font des vêtements, plusieurs aussi écorchent jusques aux ongles inclusivement la main droite des ennemis qu'ils ont tué. et en font des couvertes à leur carquois. La peau d'homme est en effet épaisse, et de toutes les peaux c'est presque la plus brillante par sa blancheur. D'autres enfin écorchent les hommes depuis les pieds jusques à la tête, et lors qu'ils ont étendu leurs peaux sur des morceaux de bois, ils les portent sur leur chevaux, telles sont les coutumes reçus parmis ces peuples.

LXV. Les Scythes n'employent pas à l'usage que je vais dire toutes sortes de têtes indifféremment; mais celles de leurs plus grands ennemis, ils scient le crane au-dessous des sourcils et le néttoient. Les pauvres se contentent de le revêtir par dehors d'un morceau de cuir de bœuf sans apprêt. Les riches non seulement le couvrent d'un morceau de peau de bœuf,

mais ils le dorent aussi en dedans, et s'en servent tant les pauvres que les riches comme d'une coupe à boire. Ils font la
même chose des têtes de leurs proches, si après avoir eu quelque querelle ensemble, ils ont remporté la victoire sur eux en
présence du Roi. S'il vient chez eux quelque étranger dont
ils fassent cas, ils lui présentent ces têtes, lui content comment ceux à qui elles appartenoient les ont attaqué quoiqu'ils
fussent leurs parents et comment ils les ont vaincu. Ils en tirent vanité et appellent cela des actions de valeur.

LXVI. Chaque Gouverneur donne tous les ans un festin
dans son nome, où l'on sert du vin mélé avec de l'eau dans
un cratere, tous ceux qui ont tué des ennemis boivent de ce
vin. Ceux qui n'ont rien fait de semblable n'en goutent point.
Ils sont honteusement assis à part et c'est pour eux une grande ignominie. Tous ceux qui ont tué un grand nombre d'ennemis, boivent en même tems dans deux coupes jointes ensemble.

LXVII. Les devins sont en grand nombre chez les Scythes, et se servent de baguettes de saule pour exercer la divination. Ils apportent des faiscaux de baguettes, les posent à
terre, les delient, et lorsqu'ils ont mis à part chaque baguette,
ils prédisent l'avenir. Pendant qu'ils font ces prédictions, ils
reprennent les baguettes l'une après l'autre et les remettent ensemble, ils ont appris de leurs ancètres cette maniere de deviner.

Les Enarrées qui sont des hommes efféminés, disent qu'ils
tiennent de Vénus le don de la divination, il se servent pour
exercer leur art d'écorce de tilleul, ils fendent en trois cette
écorce, l'entortillent autour de leurs doigts, puis ils la défont
et devinent ensuite.

COMMENTAIRE.

L'article de ces Enarrées sera traité fort au long dans le Commentaire sur Hyppocrate.

LXVIII. Suite du Texte.

Si le Roi des Scythes tombe malade, il envoye chercher trois des plus célébres d'entre ces devins, qui exercent leur art de la maniere que nous avons dit. Ils lui répondent ordinairement que tel ou tel dont il disent en même tems les noms, on fait un faux serment en jurant par l'âtre Royal. Les Scythes en effet jurent assez ordinairement par l'âtre Royal, quand ils veulent faire le plus grand serment.

COMMENTAIRE.

On ne sauroit méconnoitre dans ces devins, les Schamanes de la Sibérie, la coutume de jurer par l'atre ou foyer qui est au milieu de chaque hute - portative, subsiste encore, mais on a encore beaucoup plus de respect pour le seuil de la porte, et de-là vient surement le nom de sublime porte.

Suite du Texte.

Aussitôt on saisit l'accusé, l'un d'un coté, l'autre de l'autre quand on l'a amené ils lui déclarent que par l'art de la divination ils sont surs qu'il a fait un faux serment en jurant par l'âtre Royal, et qu'ainsi ils est cause de la maladie du Roi. Si l'accusé nie le crime et s'indigne qu'on le lui ait imputé, le Roi fait venir le double d'autres devins. Si ceux-ci le convainquent aussi de parjure par les regles de la divination, on lui tranche sur le champ la tête, et ses biens sont confisqués au profit des prémiers devins. Si les devins, que le Roi a mardé en second lieu le déclarent innocent on en fait venir d'autres, et puis d'autres encore, et s'il est déchargé de l'accusation par le plus grand nombre, la sentence qui l'absout est l'arret de mort des prémiers devins.

LXIX. Voici comment on les fait mourir, on remplit de menu bois un chariot auquel on attele des boeufs. On renferme les devins au milieu de ces fagots, les pieds attachés, les mains derriere le dos, et un baillon dans la bouche. On met ensuite le feu aux fagots et l'on chasse les boeufs en les épouvantant.

Plusieurs de ces animaux sont brulés avec les devins, d'autres se sauvent à demi - brulés, lorsque la flamme a consumé le limon. C'est ainsi qu'on brule les devins, non seulement pour ce crime, mais encore pour d'autres causes et on les appelle faux devins.

LXX. Le Roi fait mourir les enfants mâles de ceux, qu'il punit de mort, mais il ne fait aucun mal aux filles. Lorsque les Scythes font un traité avec quelqu'un, quelqu'il puisse être, il verse du vin dans une grande coupe de terre, et les contractants y mêlent de leur sang, en se faisant de legeres incisions au corps avec un couteau ou une épée, après quoi ils trempent dans cette coupe, un cimeterre, des flèches, une hache et un javelot, ces cérémonies achevées, ils prononcent une grande formule d. prieres, et boivent ensuite une partie de ce qui est dans la coupe, et après eux les personnes les plus distinguées de leur suite.

LXXI. Les tombeaux de leurs Rois sont dans un canton, qu'on appelle Gerrhes, où le Borysthene commence à être navigable.

COMMENTAIRE.

Ce lieu, où le Borysthene commence à être navigable, est celui où finissent les Cataractes, puisque c'est celui, dont vient le fleuve Gherrus, c'est à dire le Takmak puis les Moloschne Wody. Revenant de Crimée dans l'automne de 1798, j'ai pris mon chemin par le Gerrhus dans l'intention de visiter Bajazid Beg, Prince des Nogais, qui habitent sur cette rivière, et de là remonter ensuite, pour chercher le Canton des Gerrhes et les tombeaux des Rois Scythes. Certes je crois y avoir réussi parfaitement, car à peine m'étois-je éloigné des sources du Takmak, pour me rapprocher du

Dnieper, que je me trouvai dans un pays couvert d'un milier de ces Tumulus, que les Scythes élevoient sur les tombeaux des grands de leur nation, ce qui me prouva qu'après l'extinction des Rois de la Dynastie de Madyês et d'Indathyrse, les Tartares avoient toujours continué à faire du Canton des Gerrhes une sorte de cimetière. En effet j'y reconnus outre les anciens tombeaux af-faissés par l'effet des pluies et la poussée des terres, j'y reconnus, dis-je, les tombeaux des Comaniens, sur lesquels sont des statues informes, et les tombeaux des Gengiskhanides, qui recelent des petits cavaux en briques. Je crois donc, qu'il n'y a aucun doute à avoir sur l'emplacement du Canton des Gerrhes, puisque tout le cours du Gerrhus est connu, et que si Hérodote ne parle pas des Cataractes, qui en sont voisines, il les désigne en quelque sorte, en disant, que c'est le lieu, où le Borysthène n'est pas navigable. C'est là qu'il cessoit d'être navigable pour les Grecs d'Olbia, mais *il couloit navigable* pendant quarante jours avant d'y arriver, si Hé-rodote ne s'exprime pas plus clairement sur cet objet, c'est que peut-être il n'en n'avoit que des idées confuses, mais nous qui ha-bitons sur le Dnieper, nous ne devons pas hésiter à retablir toute cette ancienne Géographie.

Suite du Texte.

Quand le Roi vient à mourir, ils font en cet endroit une grande fosse carrée. Cette fosse achevée, ils enduisent le corps de cire, lui fendent le ventre, et après l'avoir nettoyé et rempli de souchet broyé, de parfumes de graine d'ache et d'anis, ils le recousent, on porte ensuite le corps sur un char dans une autre province, dont les habitants se coupent, comme les Scythes royaux, un peu de l'oreille, se rasent les cheveux autour de la tête, se font des incisions aux bras, se déchirent le front et le nez, et se passent des flèches à tra-vers la main gauche.

COMMENTAIRE.

La coutume, de se couper un morceau d'oreille à la mort d'un Prince, subsiste encore chez les Tartares du Caucase (Koumouks). Les principaux serviteurs du defunt le font souvent, et son mentor ne s'en dispense jamais. On coupe aussi les oreilles des chevaux favoris.

Suite du Texte.

Delà on porte le corps du Roi sur un char dans une autre province de ses états, et les habitants de celle, où il a été porté d'abord, suivent le convoi, quand on lui a fait parcourir toutes les provinces et toutes les nations soumises à son obéïssance, il arrive dans le pays des Gerrhes, *à l'extremité de la Scythie.*

COMMENTAIRE.

Monsieur Larcher croyant toujours, le pays des Gerrhes tout au haut du Dnieper écrit ce que j'ai sousligné, mais cela ne se trouve point dans le texte, et Vallia traduit: Apud eos deponunt qui in extremis Gerrhis habitant et in sepulchris, ce qui est le sens de l'auteur qui ne nomme point la Scythie. Au reste ces négligences sont bien rares chez le respectable Larcher.

Suite du Texte.

Et on le place dans le lieu de la sépulture sur un lit de verdure et de feuilles entassées. On plante ensuite autour du corps des piques, et on pose par dessus des pieces de bois, qu'on couvre de branches de saule.

COMMENTAIRE.

C'est peut être à cause de ses piques, qu'Hérodote donne à ce lieu le nom de Gerrhes, car ce nom de Gerrhes étoit un vieux mot grec, qui signifient piques selon Hesychius.

Suite du Texte.

On met dans l'espace vuide de cette fosse une des concubines du Roi, qu'on a étranglée au paravant, son Echanson, son cuisinier, son ecuyer, son ministre, un de ces serviteurs de chevaux, en un mot, les prémices de toutes les autres choses à

17 *

son usage, et des coupes d'or; ils ne connoissent en effet ni argent ni le cuivre, cela fait, ils remplissent la fosse de terre, et travaillent tout à l'envie l'un de l'autre, à élever sur le lieu de sa sepulture un tertre très haut.

COMMENTAIRE.

Aujourd'hui il arrive encore chez les Tartares du Caucase, que la nourrice du Prince se fait enterrer vive jusqu'au cou, et qu'elle meurt dans cette situation, or comme je l'ai dit, les Koumouks-Kedgiar du Caucase sont les descendants des Khozares, auxquels s'allia le père de Leon khozare, et les Khozares étoient les descendants des Katiars d'Hérodote, l'une des tribus des Sakes-Skolotes. Les Khazares avoient les mêmes usages dans leurs funérailles, comme on peut le voir dans l'histoire de Justinien Rhinothmete.

Suite du Texte.

L'année révolue ils prennent parmis le reste des serviteurs du Roi ceux qui lui étoient les plus utiles. Ces serviteurs sont tous Scythes de nation. Le Roi n'ayant point d'esclaves achetés à prix d'argent et se faisant servir par ceux de ses sujets, à qui il l'ordonne. Ils étranglent une cinquantaine de ses serviteurs, avec un pareil nombre de ses plus beaux chevaux. Ils leurs ôtent les entrailles, leurs nettoyent le ventre, et après l'avoir rempli de paille, ils les recousent. Ils posent sur deux pièces de bois un demi-cercle renversé, puis un autre demi-cercle sur deux autres pièces de bois, et plusieurs autres ainsi de suite qu'ils attachent de la même manière. Ils élevent ensuite sur ces demi-cercles les chevaux, après leurs avoir fait passer des pieux dans toute leur longueur jusqu'au col; les premiers demi-cercles soutiennent les épaules des chevaux, et les autres les flancs et la croupe, de sorte que les jambes n'étant point appuyées restent suspendues. Ils leurs mettent ensuite un mord et une bride, tirent la bride en avant et l'attachent à un pieu; cela fait, ils prennent les cinquante jeunes gens, qu'ils ont étranglé, les placent chacun sur un cheval, après leur avoir fait passer le long de l'épine du dos jusqu'au cou une perche, dont l'extremité inférieure s'emboite dans le pieu. Enfin lorsqu'ils ont arrangé ces cinquante cavaliers autour du tombeau, ils se retirent.

COMMENTAIRE.

On voit des chevaux empaillés de cette manière dans les Keremet des Tscheremisses.

LXXIII. Suite du Texte.

Telles sont les cérémonies, qu'ils observent à l'égard de leurs Rois. Quand aux autres Scythes, lorsqu'il meurt quelqu'un d'entre eux, ses plus proches parents le mettent sur un chariot, et le conduisent de maison en maison chez leurs amis. Ces amis le reçoivent et préparent chacun un festin à ceux, qui accompagnent le corps, et font pareillement servir au mort de tout ce qu'ils présentent aux autres. On transporte ainsi de côté et d'autres les corps des particuliers pendant quarante jours, ensuite on les enterre. Lorsque les Scythes ont donné la sépulture à un mort, ils se purifient de la manière suivante : après s'être frotté la tête avec quelque chose de détersif, et se l'être lavée, ils observent à l'égard du reste du corps ce que je vais dire. Ils inclinent trois perches l'une vers l'autre, et sur ces perches ils étendent des étoffes de laine foulée, qu'ils bandent le plus qu'ils peuvent. Ils placent ensuite au milieu de ces perches et de ces étoffes un vase, dans lequel ils mettent des pierres rougies au feu.

LXXIV. Il croît en Scythie du chanvre, qui ressemble fort au lin, excepté qu'il est plus gros et plus grand. Il lui est en cela infiniment superieur, cette plante vient d'elle même et de graine. Les Thraces s'en font des vêtements, qui ressemblent tellement à ceux de lin, qu'il faut s'y bien connoitre, pour les distinguer, et quelqu'un qui n'en n'auroit jamais vu de chanvre, les prendroit pour des étoffes de lin.

LXXV. Les Scythes prennent de la graine de chanvre, et s'étant gli-sé sous ces tentes de laines foulées, ils mettent de cetle graine sur des pierres rougies au feu.

COMMENTAIRE.

On voit que les tentes étoient faites comme les otaou d'aujourd'hui, couvertes de feutre et tout d'une pièce, on les soulevoit par un coté, et l'on se glissoit dessous.

Suite du Texte.

Lorsque la graine commence à bruler, elle répand une si grande vapeur, qu'il n'y a point en Grece d'étuve, qui ait plus de force. Les Scythes étourdis par cette vapeur, jettent des cris confus. Elle leur tient lieu de bains, car jamais ils ne se baignent.

COMMENTAIRE.

Je ne sache pas, qu'aucune peuplade tartare fume aujourd'hui le chanvre, mais il est vrai, que sa iumée enyvre, et cette manière de s'enyvrer est tort en usage au Caire, où on boit et fume le Hatschish. L'yvresse, qu'il procure, est differente de celle de l'opium et de celle que donnent les liqueurs fermentées, elle tient davantage de la folie.

Suite du Texte.

Quand aux femmes des Scythes elles broyent sur une pierre raboteuse du bois de cypres, de cedre et de l'arbre qui porte l'encens, et lorsque le tout est bien broyé, elles y mêlent un peu d'eau, et en font une pâte, dont elles se frottent tout le corps et le visage.   Cette pâte leur donne une odeur agréable, et le lendemain, quand elles l'ont enlevée, elles sont propres et leur beauté en a plus d'éclat.

Les Scythes ont un prodigieux éloignement pour les coutumes étrangeres. Les habitants d'une province ne veulent pas même suivre celles d'une province voisine, mais il n'en est point dont ils ayent plus d'éloignement que de celles des Grecs. Anacharsis et Scythes après lui en sont une preuve convaincante. Anacharsis ayant parcouru beaucoup de pays, et montré partout une grande sagesse, s'embarqua sur l'Hellespont pour retourner dans sa patrie. Etant abordé à Cyzique dans le tems, que les Cyzicéens étoient occupés à celebrer avec beaucoup de solemnité la fête de la mère des dieux, il fit voeu, s'il retournoit sain et sauf dans sa patrie, d'offrir à cette déesse des sacrifices avec les mêmes rits et cérémonies, qu'il avoit vu pratiquer par les Cyziceniens, et d'instituer en son honneur la veillée de la fête.

COMMENTAIRE.

L'Hylée dont il va être question, étoit effectivement boisée jusqu'à nos jours, et c'étoit le seul endroit où l'on trouva des arbres à plus de trente lieues à la ronde; l'Hylée étoit vis-à-vis de Cherson à la gauche du Dnieper.

Suite du Texte.

Lors qu'Anacharsis fut arrivé dans l'Hyllée, contrée de la Scythie, entièrement couverte d'arbres de toute espèce, et située près de la course d'Achilles, il célebra la fête à l'honneur de la déesse, ayant de petites statues attachées sur lui, et tenant un tambourin à la main. Il fut apperçu en cet état par un Scythe, qui alla le denoncer au roi Saulius. Le roi s'étant lui-même transporté sur les lieux, n'eut pas plûtot vu Anacharsis occupé à la célebration de cette fête, qu'il le tua d'un coup de flèche. Et même encore aujourd'hui, si l'on parle d'Anacharsis aux Scythes, ils font semblant de ne le point connoitre, parce qu'il avoit voyagé en Grece, et qu'il observoit des usages étrangers.

J'ai ouï dire à Timnes tuteur d'Ariapithes, qu'Anacharsis étoit oncle paternel d'Idanthyrse, roi des Scythes, qu'il étoit fils de Gnarus, petit-fils de Lycus, et arrière petit-fils de Spargapithes. Si donc Anacharsis étoit de cette maison, il est certain, qu'il fut tué par son propre frère. Idanthyrse étoit fils de Saulius, et ce fut Saulius qui tua Anacharsis.

LXXVII. Cependant j'en ai entendu parler autrement aux Peloponnesiens, ils disent, qu'Anacharsis ayant été envoyé par le roi des Scythes dans les pays étrangers, devint disciple des Grecs, qu'étant de retour dans sa patrie, il dit au Prince, qui l'avoit envoyé, que tous les peuples de la Grèce s'appliquoient aux sciences et aux arts, excepté les Lacedémoniens, mais que ceux-ci seulement s'étudioient à parler et à répondre avec prudence et modération, mais cette histoire est une pure invention des Grecs. Anacharsis fut donc tué comme on vient de le dire, et il éprouva ce malheur pour avoir pratiqué des coutûmes étrangères.

LXXVIII. Bien des années après, Scyles fils d'Ariapithes, roi des Scythes, eut le même sort. Ariapithes avoit plusieurs enfants, mais il avoit eu Scyles d'une femme étrangère de la ville d Istrie qui lui apprit la langue et les lettres grecques. Quelque tems après Ariapithes fut tué en trahison par Spargapithes, roi des Agathyrses. Scyles étant monté sur le trône, épousa Opoca, Scythe de nation, femme de son père et dont le feu roi avoit eu un fils Oricus.

COMMENTAIRE.

Chez les Tartares Koumóuks, vrais descendants des Scythes d'Hérodote, un prince doit épouser les veuves de son père à l'exception de sa mère.

Quoique Scyles fut roi des Scythes, les coutumes de la Scythie ne lui plaisoient nullement, et il se sentoit d'autant plus de goût pour celles des Grecs, qu'il y avoit été instruit dès sa plus tendre enfance. Voici quelle étoit sa conduite: toutes les fois, qu'il menoit l'armée Scythe vers la ville des Borysthenites, dont les habitants se disent originaires de Milet, il la laissoit devant la ville, et dès qu'il y étoit entré, il en faisoit fermer les portes. Il quittoit alors l'habit Scythe, en prenoit un à la Grècque, et vêtu de la sorte, il se promenoit dans la place publique, sans être accompagné de gardes, ni même de toute autre personne. Pendant ce tems là on faisoit sentinelle aux portes, de peur que quelque Scythe ne l'apperçut avec ses habits. Outre plusieurs autres usages des Grecs, auxquels il se conformoit, il observoit aussi leurs cérémonies dans les sacrifices, qu'ils offroient aux dieux. Après avoir demeuré dans cette ville un mois ou même davantage, il reprenoit l'habit Scythe, et alloit rejoindre son armée. Il pratiquoit souvent la même chose. Il se fit aussi bâtir un palais à Borysthénes, et y épousa une femme du pays.

LXXIX. Les destins avoient résolu sa perte. Voici ce qui l'occasionna: Scyles désira de se faire initier dans les mystéres de Bacchus. Comme on commençoit la cérémonie, et qu'on alloit lui mettre en main les choses sacrées, il arriva un très grand prodige.

Il avoit à Borysthénes un palais, dont j'ai fait mention auparavant, c'étoit un édifice superbe, et d'une vaste étendue, autour duquel on voyoit des Sphinx et des Griphons de pierre blanche. Le dieu le frappa de ses traits, et il fut entièrement réduit en cendres, Scyles n'en continua pas moins la cérémonie qu'il avoit commencée.

COMMENTAIRE.

Le texte dit positivement, que les Griphons étoient en pierre blanche, et non pas en marbre, comme traduit Mr Larcher. Il paroit, qu'ils étoient de cette même pierre blanche à fin - grain, dont on a construit dernièrement les colonades de Nicolaïef. Cette ville est à l'origine du Liman, et Olbia ou Borysthene étoit à son embouchure à l'endroit, où est aujourd'hui le village appellé Stomoguilnaia Sloboda, qui veut dire le village des cent-tumulus ou tertres-sepulchres. Ces sepulchres étoient grecs, et l'on y trouve des vases et des medailles, ainsi que dans tout le terrain des environs. Nous possedons aussi à Tulczyn (chef lieu du Comte Felix Potocki) deux marbres venus d'Olbia, dans l'un qui est brisé, il est question des princes Sauromates. L'autre qui est entier, est un monument de reconnoissance consacré au Prince Th. Ulpius, que nous supposons être Ulpius Traianus. Plusieurs autres marbres curieux sont conservés dans l'église de Nicolaief, mais tout le marbre de ces monuments est venu de la Grece, et le pays n'en fournit point.

Suite du Texte.

Les Scythes reprochent aux Grecs leurs Bachanales, et pensent, qu'il est contraire à la raison, d'imaginer un Dieu, qui pousse les hommes à des extravagances. Lorsque Scyles eut été initié aux mystères de Bacchus, un habitant de Borysthenes se rendit secrétement à l'armée des Scythes. „Vous „vous moquez de nous (leurs dit - il) parce qu'en célébrant les „Bachanales, le dieu se rend maitre de nous, le dieu s'est „aussi emparé de votre roi, Scyles célebre Bacchus. Le dieu „l'agite et trouble sa raison. Si vous ne voulez pas m'en „croire, suivez moi et je vous le montrerai.“ — Les premiers de la nation le suivirent, le Borysthenite les plaça sécrétement dans une tour, d'où ils virent passer Scyles avec sa troupe célébrant les Bachanales. Les Scythes regardant cette conduite comme quelque chose de très affligeant pour leur nation, firent en présence de toute l'armée le rapport de ce qu'ils avoient vu.

LXXX. Scyles étant parti après cela pour retourner chez lui. Ses sujets se revolterent et proclamerent à sa place

Octamasades, son frère, fils de la fille de Teres. Scyles ayant appris cette revolte, et quel en étoit le motif, se réfugia en Thrace. Sur cette nouvelle, Octomasades à la tête d'une armée le poursuivit dans sa retraite. Quand il fut arrivé sur les bords de l'ister, les Thraces vinrent à sa rencontre. Mais comme on étoit sur le point de donner bataille, Sitalces envoya un hérault à Octamasades avec ordre de lui dire : „Qu'est-il besoin de tenter l'un et l'autre le destin d'un „combât, vous étes fils de ma soeur et vous avez mon frere en „vôtre puissance, si vous me le rendez je vous livrerai Scyles, „et nous ne nous exposerons point au sort d'une bataille." — Le frere de Sitalces, s'étoit en effet réfugié auprès d'Octamasades.

Ce prince accepta l'offre, remit son oncle maternel entre les mains de Sitalces, et reçut en échange son frere Scyles. Sitalces n'eut pas plutôt son frere en son pouvoir, qu'il se retira avec ses troupes, et dès qu'on eut rendu Scyles, Octomasades lui fit trancher la tête sur la place même. Telle est la scrupuleuse exactitude des Scythes, dans l'observation de leurs lois et de leurs coutumes, et la rigueur avec laquelle ils punissent ceux qui en affectent d'étrangeres.

COMMENTAIRE.

Je ne saurois m'empêcher de consigner ici ma surprise en voyant dans l'essai chronologique sur 80 peuples de l'antiquité, chez Didot 1788, en y voyant dis-je à l'article des Scythes que Cyrus a regné après Darius, et Thomyris après Idanthyrses, et Saulius en l'année 600. Bon Dieu quelle Chronologie pour un aussi grand luxe typographique ! Voici la suite la plus probable de ces Rois.

600 ans avant J. C.

Madyes
Spargapithes
Lycus
Gnurus
Saulius
Indanthyrse

500 ans avant J. C.
Ariantas
Ariapites
Scyles
Octomasade
400 ans avant J. C.
Athéas.

LXXXI Suite du Texte.

Quand à la population de la Scythie on m'en a parlé diversement, et je n'en ai jamais rien pu apprendre de certain; les uns m'ont dit que ce pays étoit très peuplé, et les autres qu'à ne compter que les véritables Scythes, il l'étoit peu.

COMMENTAIRE.

Voici le passage qui dévoile tout le véritable état du pays: des Tartares en assez petit nombre regnoient sur des Scythes cultivateurs qui n'étoient point Tartares, qui étoient Scythes-Tschouds, et des Grècs-Scythes melés à ceux-ci et non point aux Tartares. Mais pourquoi le peuple conquerant a t-il pris le nom du peuple conquis? La réponse, est qu'il ne l'a jamais pris, les Grècs le lui ont donné. Eux mêmes s'appelloient Sakes, Skolotes, Katiars, Basiliens etc. Mais quand Hérodote parle des divinités Scythes, parle-t-il des divinités Tartares? j'en doute.

LXXXI. Suite du Texte.

Mais voici ce que j'ai vu par moi même.

COMMENTAIRE.

Hérodote a donc été en Scythie? oui sans doute, et même il a été sur les bords de la Sina woda dans les terres de notre famille ce qui se prouve par les journées de chemin ainsi que je l'ai dit plus haut.

Suite du Texte.

Entre le Borysthene et l'Hyppanis est un certain canton qu'on appelle Exampée, j'en a fait mention un peu plus haut (LII) en parlant d'une fontaine dont les eaux sont si amères, que celles de l'Hyppanis dans lequel elle se jette, en sont tellement alterées qu'il n'est pas possible d'en boire. Il y a dans ce pays un vase d'airain six fois plus grand que le cratere qui se voit à l'embouchure du pont Euxin, et que Pausanias fils de Cléombrote y a consacré. Je vais en donner les dimensions en faveur de ceux qui ne l'ont point vu. Ce vase d'airain qui est dans la Scythie, contient aisement six cents amphores, et il a six doigts d'épaisseur. Les habitants m'ont dit qu'il avait été fait de pointes de flèches. Que leur Roi Ariantas voulant savoir le nombre de ses sujets, commanda à tous les Scythes d'apporter chacun une pointe de flèche sous peine de mort, qu'on lui en apporta en effet une quantité prodigieuse dont il fit faire ce vase d'airain, qu'il consacra dans le lieu qu'on appelle Exampée comme un monument qu'il laissoit à la postérité. Voilà ce que j'ai appris de la population des Scythes.

COMMENTAIRE.

Résumons nous sur le canton d'Exampée :

1. Sa hauteur sur le Bog étoit à 5 journées de sa source et 4 de son embouchure.

2. La tradition et coutume du pays, que l'eau de la Sinawoda, ou eau terne, n'est pas potable et qu'elle doit cette mauvaise qualité à une source amere qui y tombe. A la verite l'eau de la Sina-Woda m'a paru potable, mais l'opinion des habitants n'en a pas moins de force et doit être ancienne.

3. Le canton d'Exampée étoit entre le Bog et le Dnieper.

4. Exampée dans la langue de cette contrée vouloit dire voye sacrée. Or c'est précisement là que commence un certain chemin imaginaire, qui va jusques vers Constantynow, et que le peuple appelle la Voye Noire disant que tous les peuples Tartares venoient par là, pour éviter de passer le Bog, ce chemin commence dans le canton des Voyes sacrées d'Hérodote, et traverse la Sina-Woda à Targowica, mais pourquoi les Scythes appelloient cet endroit la voye sacrée pourquoi nos paysans l'appellent la voye noire ou Czarny-Szlak, voila ce que nous ne savons pas. On peut voir le Czarny-Szlak dans l'atlas de Rici-Zanoni.

LXXXII. Suite du Texte.

La Scythie n'a rien de merveilleux, que les fleuves qui l'arrosent, ils sont très considerables, et en très grand nombre. Mais indépendamment de ces vastes plaines et de ces fleuves, on y montre encore une chose digne d'admiration, c'est l'empreinte du pied d'Hercule sur un roc près du Thyras. Cette empreinte ressemble à celle d'un pied d'homme, mais elle a deux coudées de long. Revenons maintenant au sujet dont je m'étois proposé de parler au commencement de ce livre.

COMMENTAIRE.

Thyras étoit une colonie Phenicienne selon Ammien Marcellin et il est à supposer que l'on y adoroit l'Hercule de cadiz, aussi voyons nous dans Hérodote, que Hercule étoit venu en Scythie après avoir volé les troupaux de Geryon.

LCIX. Autre Texte.

La Thrace a devant elle la partie de la Scythie qui aboutit à la mer à l'endroit, où finit le Golphe de Thrace, là commence la Scythie. L'Ister en traverse une partie, et se jette dans la mer du côté du Sud-E t.

COMMENTAIRE.

On voit par-là que le Dobruche d'aujourd'hui étoit compris dans la Scythie, c'e t aussi là ce que l'on appelloit la petite Scythie dans le tems de Pline.

Suite du Texte.

Je vais indiquer ce qu'on trouve après l'Ister, et donner la mesure de la partie de la Scythie, qui est au-delà de ce fleuve du côté de la mer. L'ancienne Scythie *dans sa partie méridionale s'étend* jusqu'à la ville de Carcinitis.

COMMENTAIRE

L'ancienne Scythie, voila ce qu'il faut observer, c'est-à-dire le pays des anciens Scythes-Tschouds, s'étendoit du Danube à la

Tauride, les pays des nouveaux Scythes s'étendoient du Danube au Don.

Notez que dans les passages soulignés je m'éloigne du sens de Monsieur Larcher parce que lui même s'éloigne beaucoup de l'édition de Henri - Etienne, et que la leçon qu'il adopte est toute à fait contraire à la Géographie de ces pays.

Suite du Texte.

Ce pays au-delà de cette ville en allant vers la même mer est montagneux: il est habité par la nation Taurique, jusques à la *Presqu'ile Trachée*, et celle - ci s'étend jusques à la mer de l'est. Il y a en effet deux parties des confins de la Scythie, qui sont bornés comme l'Attique l'un par la mer qui est au sud l'autre par celle qui est à l'est.

COMMENTAIRE.

La presqu'ile Trachée ou âpre, est le pays qui s'etend depuis Arabat et Kafa jusques au Bosphore, et qui étoit séparé de la Tauride par le fossé des esclaves. En effet les Taures habitoient de Cherson à Cafa.

C. Suite du Texte.

Au - delà de la Tauride on trouve des Scythes qui habitent le pays qui est au - dessus des Taures et celui qui s'étend vers la mer de l'est (ou Palus Méotis) ainsi que les côtes occidentales du Bosphore Cimérien, et du Palus Méotis jusqu'au Tanaïs fleuve qui se décharge dans une anse de ce Palus.

COMMENTAIRE.

Les Taures n'habitoient que la partie montagneuse de la Crimée, les Tartares en occupoient les plaines, et même la Presqu'isle Trachée, qui pourtant renfermoit aussi quelques Sindes, descendants des esclaves, comme on le peut voir dans les Géographes posterieurs à Hérodote.

Suite du Texte.

A prendre donc depuis l'Ister, et fi l'on remonte par le milieu des terres, la Scythie est bornée prémiérement par le pays des Agathyrses. Ensuite par celui des Neures, troisiememeut par celui des Androphages, et enfin par celui des Mélanchlenes.

COMMENTAIRE.

Voici proprement le Texte : ,,Les parties supérieures qui condui-,,sent de l'Ister dans l'intérieur des terres separent la Scythie d'a-,,bord des Agathyrses, puis des Neures, puis des Androphages, ,,enfin des Mélanchlenes.‟ — J'aime mieux m'en tenir ici au texte et ne pas dire *la Scythie est Bornée* parce qu'il y avoit réellement un desert entre les Scythes, et les Androphages, et Mélanchlenes, et il y avoit aussi un déseit entre les Androphages et les Neures. Or donc les Agathyrses habitoient la Transylvanie, les Neures, le pays de Halicz, puis venoit un desert, puis les Androphages dans le pays de Sewiersk, puis les Mélanchlenes dans celui d'Orel, puis les Gélons et Budiniens sur toute la gauche du Don, jusques vers Tzaritzyn, et plus bas les Sarmates.

Le Texte qui suit est de l'aveu de Mr. Larcher, très obscur et ne s'accorde point avec la Géographie; je vais donc le rapporter en entier, et le traduire à ma maniere.

1. Εξη αν της Σκυθικης
2. Ως εουσης τετραγοιον.
3. Των δυο μερεων κατηκουτων ες ταλασσαν.
4. Παντη ιδουτο, τε εστεν μεσγαιον θερον.
5. Και το παρα τεν Ταλασσαν.
6. Απογαρ Ιςρς8 επι Βορυςενεα δεκα ημε-μερεων εδες, απο δε Βερυςενες επι τεν λιμιην τεν Μαιωτιν ετερων Δεκα

1. Or donc la Scythie a
2. comme la forme d'un Tetragone
3. les deux côtés qui atteignent à la mer
4. sont égaux; et pour s'avancer dans les terres
5. et pour marcher le long de la mer (on fait un chemin égal)
6. car de l'Ister au Borysthene il y a dix journées de chemin et du Borysthene au Méotis il y a dix autres journées.

COMMENTAIRE.

On va voir que ces deux distances ne font qu'un côté du Tetragone, puisque leur somme est égale au second côté.

Suite du Texte.

κỳ το απο Θαλασσης ες μεσογαιαν ες τ8ς μαλανχλαι8ς τ8ς καθυπερθε Σκυθεων οικημει8ς εικοσι ημερεων οδος.

Et depuis la mer (Méotide) il-y-a vingt journées de chemin jusques aux Mélanchlenes qui habitent au-dessus des Scythes.

COMMENTAIRE.

Si nous faisions deux côtés d'un carré de 10, le diagonale n'en n'auroit pas vingt et tout autre ligne seroit encore plus courte, ainsi il faut admettre pour un côté la distance de l'embouchure du Danube a l'embouchure du Dnieper, plus la distance de l'embouchure du Dnieper à l'ambouchure du Don et ces trois points sont sur la même ligne. 2. Pour le second côté, la distance de l'embouchure du Don a sa source, distance égale à la précédente. 3. une ligne qui iroit du lac de Iwanowe Ozero, jusques vers les sources de la Vistule. 4. Une ligne, qui iroit des sources de la Vistule aux bouches du Danube, et comprendroit le pays des Neures qui étoient aussi une espèce de Scythes.

Suite du Texte.

Or je compte 200 Stades pour chaque jours de chemin, ainsi la Scythie aura quatre mille Stades, de traversée le long des côtés, et quatre mille autres stades à prendre droit par le milieu des terres. Telle est l'étendue de son pays.

COMMENTAIRE.

Cette phrase est de Mr. Larcher et prouve en ma faveur. Mais voici la difficulté. Il y a dans le Grèc των δύω μερέων κατηκωι ᾿ες θάλασσαν. Mr. Larcher a *traduit deux côtés du tetragone s'étendent le long de la mer.* Et cette leçon le conduit (de son aveu même) à des erreurs manifestes. Moi j'ai traduit *atteignent, touchent à la mer par un bout;* et cette leçon me conduit à une explication lumineuse. De plus κατηκεν veut dire *toucher,* et ne veut pas dire *s'étendre* de plus Mr. Larcher reconnoît une grande connoissance de la Scythie, en même tems qu'une erreur, enfin j'ose croire et dire que Mr. Larcher lui même seroit content de ma traduction qui montre que Hérodote avoit réellement *une connoissance parfaite de la Scythie comme Larcher lui même le dit bien souvent.*

Suite du Texte.

Les Scythes ayant fait reflexion qu'ils ne pouvoient pas avec leurs seules forces, détruire en bataille rangée, une armée aussi nombreuse que celle de Darius, envoyerent des Ambassadeurs à leurs voisins; les Rois de ces nations s'étant rassemblés, délibererent sur cette armée qui venoit envahir la Scythie. Ces Rois étoient ceux des Taures, des Agathyrses, des Neures, des Androphages, des Melanchlenes, des Gélons, des Budins et des Sauromates

COMMENTAIRE.

Les Taures étoient un peuple assez semblable aux Tschestchenes d'aujourd'hui. Les Agathyrses étoient des Scythes Tchoud., habitants la Transylvanie. Les Neures étoient de la même classe et habitoient le pays de Halicz. Les Androphages étoient peut-être de race Samoiede et habitoient Sewiersk. Les Mélanchlenes ou Habillés de noir, habitoient vers Orel. Les Gélons étoient Gèco-Scythes et habitoient près de Woronecz. Les Budins Scythes. Tschouds, habitoient tout autour des Gélons. Les Sauromates appellés depuis Jadzygs, entre le Don et le Wolga,

CIII. Suite du Texte.

Ceux d'entre ces peuples qu'on appelle Taures ont des coutumes particulieres. ils immolent à Iphigénie de la maniere que je vais le dire, les étrangers qui échouent sur leurs côtes, et tous les Grecs qui y abordent et qui tombent entre leurs mains. Après les cérémonies acoutumées, ils les assomment d'un coup de massue sur la tête. Quelques-uns disent qu'ils leurs coupent ensuite la tète, et l'attachent à une croix et qu'ils précipitent le corps, du haut d'un rocher où le temple est bâti.

Quelques-uns conviennent du traitement fait à la tête; mais ils assurent qu'on enterre le corps, au lieu de le précipiter du haut du rocher, les Taures eux mêmes disent que la Déesse à laquelle ils font ces sacrifices est Iphigenie fille d'Agamemnon; quand à leurs ennemis si un Taure fait dans les combats un prisonnier, il lui coupe la tête et l'emporte chez lui. Il la met ensuite au bout d'une perche qu'il place sur sa maison, et sur tout au-dessus de sa cheminée. Ils élèvent de la sorte la tête de leurs prisonniers afin disent-ils qu'elle garde et protege toute la maison. Ils subsistent du butin qu'ils font à la guerre.

COMMENTAIRE.

On peut voir dans le chapitre 8 pourquoi je regarde les Tchetschenes comme les descendants des Taures. Aujourd'hui ces peuples se distinguent par leur goût pour le brigandage, ils se distinguent même entre les peuples du Caucase qui sont les plus grands brigands du monde. Ils ne vivent presque que de pillage, ils n'emportent plus la tête de ceux qu'ils tuent à la guerre mais bien leurs oreilles, et s'ils ne tuent pas leurs prisonniers c'est qu'ils aiment mieux les vendre. Mais les Inguches qui sont de la même race les tuent encore assez souvent.

CIV. Suite du Texte.

Les Agathyrses portent, la plus part du tems, des ornements d'or, et sont de tous les hommes ceux qui vivent le plus dans la mollesse, les femmes sont communes entr'eux, afin qu'étant tous unis par les liens du sang et que ne faisant tous, pour ainsi dire qu'une seule et même famille, ils ne soyent sujets ni à la haine ni à la jalousie, quand au reste de leurs coutumes elle ont beaucoup de conformité avec celles des Thraces.

COMMENTAIRE.

Les Agathyrses par la communauté des femmes se rapprochoient des mœurs des Méotes appellés improprement Massagètes ou Gètes éloignés, et ils habitoient le pays occupé depuis par les Gètes-Daces. Cependant il paroît qu'ils étoient de la race des Scythes-Tchouds comme on peut le voir dans mon chapitre VI l'or que portoient les Agathyrses venoit des montagnes et des fleuves de la Transylvanie où l'on en trouve encore. Or il n'y a aucun doute, que les Agathyrses ne fussent en Transylvanie, Hérodote le dit clairement à l'article 99 que je n'ai point transcrit parce qu'il ne regarde pas la Scythie.

CV. Suite du Texte.

Les Neures observent les mêmes usage que les Scythes, une génération, avant l'expédition de Darius, ils furent forcés de sortir de leur pays, à cause d'une multitude de serpents qu'il produisit et parce qu'il en vint un beaucoup plus grand nombre des déserts qui sont audessus d'eux. Ils en furent t - elle-ment infestés qu'ils s'expatrièrent et se retirerent chez les Budins.

COMMENTAIRE.

> Mais ils retournerent chez eux avant l'expédition de Darius, comme l'observe très bien Mr. Gatterer.

Il paroit que ces peuples sont des enchanteurs, en effet s'il faut en croire les Scythes, et les Grécs établis en Scythie, chaque Neure se change une fois par an en loup pour quelques jours et reprend ensuite sa prémiere forme. Les Scythes ont beau dire ils ne me feront point croire de pareils contes; ce n'est pas qu'ils ne les confirment avec serment.

COMMENTAIRE.

> Les Tartares ont raconté à Marc. Paul que Gengiskhan avoit eu affaire à des hommes à tête de chien et ils m'ont soutenu à moi même qu'il en existoit de pareils. Ils le disent parce qu'ils le croyent et non pas parce qu'ils aiment le mensonge, car ils en sont fort éloignés.
>
> Au reste il n'y a plus aucune donnée pour savoir à quelle race appartenoient les Neures. Hérodote dit qu'ils avoient les mêmes usages que les Scythes, par quoi il ne faut pas entendre les Tartares mais les Scythes Alazons, Aroteres, Budins etc. en un mot les anciens Scythes.

CVI. Suite du Texte.

Il n'est point d'hommes qui ayent des moeurs plus sauva-ges que les Androphages. Ils ne connoissent ni les loix ni la justice, ils sont Nomades, leurs habits ressemblent à ceux des Scythes.

COMMENTAIRE.

L'habit Scythe se voit dans beaucoup de monuments, tantôt ce n'est qu'une pelisse de mouton avec le poil tourné en dehors et quelquefois c'est l'habit Dace, tout-à-fait ressemblant à celui des paysans Russes.

Suite du Texte.

Ils ont une langue particuliere. De tous les peuples dont je viens de parler ils sont les seuls qui mangent de la chair humaine.

COMMENTAIRE.

Un souvenir de l'antropophagie c'est conservé dans le nom des Samoiedes : à la verité les Chancelleries leur donnent le nom de Suro-Iedes, mais je pense que c'est par courtoisie. (3)

CVII. Suite du Texte.

Les Mélanchlenes portent tous des habits noirs, de-là vient leur nom, ils suivent les coutumes des Scythes.

COMMENTAIRE.

Ils portent tous des habits noirs. Que dire sur une aussi foible indication, quand aux articles subséquents, qui traitent des Budiniens, des Sauromates on les a déjà vu dans leurs chapitres respectifs.

CXVIII. Suite du Texte.

Les Ambassadeurs des Scythes, ayant été admis, à l'assemblée des Rois de ces nations dont nous venons de parler, apprirent à ces Princes que Darius, après avoir entiérement subjugué l'autre continent, étoit passé dans le leur, sur un pont de bateaux, qu'il avoit fait construire à l'endroit le plus étroit du Bosphore, qu'il avoit ensuite soumis les Thraces, et traversé l'Ister sur un pont, à dessein de se rendre maitre de

leur pays. — „Il ne seroit pas juste (ajouterent ils) que gar-
„dant la neutralité, vous nous laissiez périr par vôtre négligence.
„Marchons donc unanimement au devant de l'ennemi qui vient
„envahir nôtre patrie: Si vous nous refusez et que nous nous
„trouvions pressés, nous quitterons le pays, ou si nous y restons
„ce sera aux conditions que nous imposeront les Perses. Car
„enfin que faire à cela, si vous ne voulez pas nous donner du
„secours. Ne vous flattez pas que vôtre sort en soit meilleur,
„et que contents de nous avoir subjugués, les Perses vous épar-
„gnent. Leur invasion vous regarde autant que nous, en voici
„une preuve à laquelle vous n'avez rien à opposer. Si les Per-
„ses, n'avoient point d'autre intention, que de venger l'assu-
„jettissement où nous les avons tenu précédemment. Ils se se-
„roient contentés de marcher contre nous sans attaquer les au-
„tres peuples, et par là ils auroient fait voir à tout le monde
„qu'ils n'en vouloient qu'aux Scythes. Mais à peine sont ils
„entrés sur ce continent, qu'ils ont façonné au joug tous les peu-
„ples qui se sont rencontrés sur leur route, et déjà ils ont sou-
„mis les Thraces et les Gètes nos voisins.

CXIX. Le discours des Ambassadeurs fini, ces Princes dé-
libérèrent sur leur proposition : les avis furent partagés, les
Roi, des Gélons, des Budins, et des Sauromates promirent unanimement du secours aux Scythes. Mais ceux des Agathyrses,
des Neures, des Androphages, des Mélanchlenes, et des Taures, leur firent cette réponse : „Si vous n'aviez pas fait vous
„mêmes une guerre injuste aux Perses, vos demandes nous pa-
„roitroient équitables et pleines de déférence, pour vous, nous
„ prendrions en mains vos intérêts. Mais vous avez envahi
„ leur pays sans nôtre participation, vous l'avez tenu sous le
„joug aussi long tems que le Dieu l'a permis, et aujourd'hui
„que le même Dieu suscite les Perses contre vous, ils vous

„rendent la pareille. Pour nous, nous ne les offençames point
„alors, et nous ne serons pas aujourd'hui les premiers aggres-
„seurs. Si cependant ils viennent aussi attaquer nôtre pays, s'ils
„commencent des hostilités contre nous, nous saurons les re-
„pousser. Mais jusqu'à ce moment nous resterons tranquilles:
„car il nous paroit que les Perses, n'en veulent qu'à ceux qui
„les ont insultés les prémiers."

CXX. Les Scythes ayant appris par le rapport des Ambassadeurs, qu'ils ne devoient pas compter sur le secours des
Princes leurs voisins, résolurent de ne point présenter de bataille, et de ne point faire de guerre ouverte; mais de céder à
l'ennemi, de se retirer toujours, de combler les puits et les
fontaines qu'ils trouveroient sur leur route, de détruire l'herbe,
et pour cet effet de se partager en deux corps. On convint
aussi que les Sauromates se rendroient dans les états de Sco-
pasis; que si les Perses tournoient de ce côté-là, il se retireroient peu à peu, droit au Tanaïs, le long du Palus Méotis,
et que lorsque l'ennemi retourneroit sur ses pas, il se mettoient
alors à le poursuivre *tel étoit le plan de défence que devoit
suivre cette partie des Scythes Royaux. Quand aux deux autres parties des Sythes Royaux.*

COMMENTAIRE.

La phrase soulignée ne se trouve point dans le texte, il y a
comme dans la traduction latine. „Cette partie du Royaume
„étoit ordonnée selon ce chemin." —— D'après la traduction de
Mr. Larcher on pourroit croire que les trois races de Scythes Skolotes prenoient le titre de royaux (Basiliens) mais Hérodote
dit qu'il n'y avoit que les Paralates qui fussent appellés Basiliens
et que les autres s'appelloient Katiars. Il est même fort douteux
qu'on doive traduire Basiliens par Royaux puisque dans les auteurs
du moyen âge il y a. Katias et Basiliens, et aujourd'hui encore
ces peuples s'appellent Kedgiars et Borzolu, dans le Caucase.

Suite du Texte.

Quand aux deux autres parties du royaume, la plus grande étoit celle des Basiliens, sur qui regnoit Indathyrse, et Taxacis regnoit sur la troisième. Il fut décidé qu'elles se réuniroient, se joindroient aux Gélons et aux Budins, qui avoient aussi une journée d'avance sur les Perses. Qu'elles se retireroient peu à peu en exécutant les résolutions prises dans le conseil, et surtout qu'elles attireroient les ennemis droit sur les terres de ceux qui avoient refusé leur alliance, afin de les forcer aussi à la guerre contre les Perses et de leur faire prendre les armes malgré eux, s'ils ne vouloient pas le faire de bonne volonté. Ils devoient ensuite retourner dans leur pays, et même attaquer l'ennemi, si après en avoir délibéré, ce parti leurs paroissoit avantageux.

CXXI. Cette résolution prise, les Scythes allerent au devant de Darius, et se firent précéder par des coureurs l'élite de la cavalerie. Ils avoient renvoyé à l'avance leurs chariots, qui tenoient lieu de maisons à leurs femmes et à leurs enfants, et leurs avoient donné ordre d'aller toujours vers le nord. Ces chariots étoient accompagnés de leurs troupeaux, dont ils ne menoient avec eux, que ce qui leur étoit nécessaire pour vivre.

COMMENTAIRE.

Ils avoient gardé leurs hutes portatives (otaou), et avoient renvoyé les femmes dans les chariots (guilderga).

CXXII. Suite du Texte.

Tandis que les chariots avançoient vers le nord, les coureurs découvroient les Perses environ à trois journées de l'Ister, comme ils n'en n'étoient éloignées que d'une journée, ils camperent dans cet endroit, et détruisirent toutes les productions de la terre. Les Perses ne les eurent pas plûtot apperçu, qu'ils les suivirent dans leur retraite. Ayant ensuite monté droit à une des trois parties des Scythes, ils la poursuivirent à l'Est jusqu'au Tanaïs. Les Scythes traverserent le fleuve, et les Perses l'ayant passé après eux, ne cesserent de les suivre, que lorsqu'après avoir traversé le pays des Sauromates, ils furent arrivés dans celui des Budins.

COMMENTAIRE.

On voit, que les Perses se sont décidés à suivre les Sauromates joints aux Scythes de Skopasis, et qu'après avoir passé le Don au dessus de Tscherkask, ils ont remonté le long de cette rivière jusque vers Chopersk.

CXXIII. Suite du Texte.

Les Perses ne purent causer aucun dégat tout le tems, qu'ils furent en Scythie et dans le pays des Sauromates, les habitants ayant détruit tout ce qu'il y avoit dans les campagnes. Mais quand ils eurent pénétré dans le pays des Budins, ils trouverent la ville de Gelonus, qui étoit bâtie en bois, comme elle étoit entièrement déserte, et que les habitants en avoient tout emporté, ils y mirent le feu.

COMMENTAIRE.

Il paroit que les Gélons, qui étoient des Grèco-Scythes, ne sont jamais revenu dans leur ancien établissement, mais qu'ils se sont retirés vers Susdal, où l'on parle encore un dialecte singulier, mélé de mots grecs et d'autres d'une langue tout-à-fait singulière, qui apparemment étoit allé des anciens Budins. On ne sait pas positivement, où étoit la ville de Gelonos. Mais ce devoit être entre Tambow et Woronez cependant plutôt vers le Sud.

Suite du Texte.

Cela fait, ils allerent en avant marchant sur les traces de l'ennemi, enfin, après avoir traversé le pays des Budins, ils arriverent dans un désert par delà ces peuples, où l'on ne rencontre pas un seul homme. Ce désert a sept journées de chemin, on trouve au-dessus le pays des Thyssagetes, d'où viennent quatre grandes rivières: le Lycus, l'Oarus, le Tanaïs et le Syrgis, qui se jettent dans le Palus Méotis, après avoir passé à travers les Méotes.

COMMENTAIRE.

N'oublions pas, que nous sommes ici à la gauche du Tanaïs. Le pays des Thyssagetes s'étendoit depuis les sources du Don jusque vers Simbirsk. Cherchons trois autres rivières, qui prennent leur source dans ce dos montagneux, qui est au midi de Tambow et Penza, et sépare les rivières, qui tombent dans le Don d'avec celles, qui vont au nord dans l'Occa et le Volga.

La première est l'Oarus, que Pline appelle Opharus, et qui n'est autre que le Choper, appellé Warus longtems. après.

Les deux autres rivières ne seront pas difficiles à trouver, puisqu'il n'y en n'a que deux autres, qui viennent du pays des Thyssagetes, pour aller dans le midi. Ces deux rivières sont le Bitiuk et la Medwédica, qui seront donc le Lycus et le Syrgis.

A la vérité, ces rivières ne passent au travers des Méotes qu'après leur réunion avec le Don, et si Hérodote l'a entendu de cette manière, il faut qu'il ait confondu le Syrgis avec le Hyrgis, et le Lycus avec une autre rivière de ce nom, qui tomboit dans le Méotis à l'Ouest du Don. De pareilles erreurs sont bien pardonnables, dans Hérodote surtout, si on les compare à la quantité de justes notions, que l'on trouve chez lui sur la Géographie de notre pays.

CXXIV. Suite du Texte.

Darius étant arrivé dans ce désert, s'arrêta sur les bords de l'Oarus, où il campa avec son armée. Il y fit ensuite construire huit grands forts, dont les ruines subsistent encore maintenant. Tandis qu'il s'occupoit de ces ouvrages, les Scythes, qu'il avoit poursuivi, firent le tour par le haut du pays,

et retournerent en Scythie, comme ils avoient entièrement dis-
paru, et qu'ils ne se montroient plus, il laissa ces chateaux
à demi-faits, et dirigea sa marche vers l'occident, persuadé que
ces Scythes formoient toute la nation.

COMMENTAIRE.

Darius étoit campé sur le Choper, il marcha vers l'occident, passa
le Don vers Woronez, et se retrouva alors dans le pays des Scythes Skolotes entre Kursk et Charkow.

Suite du Texte.

Comme il marchoit à grandes journées, il arriva en
Scythie, où il rencontra les deux corps d'armées des Scythes.
Il ne les eut pas plûtot trouvé, qu'il se mit à leur poursuite.

CXXV. Ils s'enfuyoient suivant les conventions faites
entr'eux chez les peuples, qui avoient refusé leur alliance, et
Darius les suivoit sans relache. Ils se jetterent premièrement
sur les terres des Melanchlenes, qui furent allarmés à leur vue
et à celle des Perses.

COMMENTAIRE.

Nous savons bien où étoient les Melanchlenes, car la Scythie étoit
un quarré, dont un des côtés de 100 mayles alloit du Danube au
Don, l'autre du Don au pays des Melanchlenes, c'est à dire vers
Orel.

Suite du Texte.

De là ils attirerent les Perses chez les Androphages, où
ayant semé l'épouvante et le trouble, ils les conduisirent chez
les Neures, qui furent également effrayés.

COMMENTAIRE.

Comme les Androphages faisoient avec les Melanchlenes partie du
troisième côté du quarré, nous devons les chercher sur le même

parallèle à peu près vers Siewiersk. Et comme Darius n'a pas pu passer les marais de Pinsk, il s'en suit qu'il doit avoir passé le Dnieper vers Tchernigow, toujours à la poursuite des Scythes, et les Scythes étoient allé chez les Neures dans le centre de la Gallicie.

Suite du Texte.

Les Neures se sauverent du côté des Agathyrses, mais ceux-ci voyant leurs voisins prendre la fuite, envoyerent aux Scythes un héraut, avant qu'ils eussent mis le pied dans leur pays, afin de leurs en interdire l'entrée, les menaçant de leurs livrer bataille au cas qu'ils y vinssent. Après ces menaces les Agathyrses porterent leurs forces sur leurs frontières, pour les en écarter.

COMMENTAIRE.

Les Agathyrses, qui habitoient la Transylvanie, n'avoient surement pas de peine à défendre leurs montagnes contre la cavalerie des Scythes.

46. Suite du Texte.

Les Mélanchlenes, les Androphages et les Neures, voyant les Scythes se jetter avec les Perses sur leurs terres, ne se mirent pas en devoir de les repousser, saisis de crainte, ils oublierent leurs menaces, et s'enfuirent dans les déserts vers le nord.

COMMENTAIRE.

Ceci est si exact, que dans les Géographes, qui ont suivi Hérodote, ou on ne trouve point du tout ces peuples, ou on les trouve tout au fond du nord.

45. Suite du Texte.

Quand aux Agathyrses, comme ils refusoient aux Scythes l'entrée de leur pays, ceux-ci ne chercherent plus à y pénétrer, mais au sortir de la Neuride ils rentrerent dans leur patrie, où les Perses les suivirent.

COMMENTAIRE.

C'est à dire qu'ils ne purent pénétrer dans la Transylvanie, et que passant par la Bukowine, ils entrerent dans cette partie de la Scythie, qui est entre le Danube et le Dniester, et où Strabon et d'autres écrivains placent les dernières scènes de l'expédition de Darius, c'est à dire que ce Prince avoit fait un chemin de 4 à 500 milles d'Allemagne de 15 au degré, et moins que le chemin, que les Russes ont fait dernièrement pour aller en Suisse et en revenir. D'ailleurs Darius venoit de Suse, et avoit déjà fait quatre cent lieues de plus. Ainsi je ne vois pas, que l'on put objecter à Hérodote la longueur de cette marche de quatre cent milles, pour en infirmer la vérité de son récit.

CXXVI. Suite du Texte.

Darius s'étant apperçu, que les Scythes tenoient sans cesse la même conduite, envoya un cavalier à Indathyrse, leur Roi, avec ordre, de lui parler en ces termes: „O le „plus misérable des hommes! pourquoi fuis tu toujours, lors-„qu'il est en ton pouvoir de l'arrêter et de me livrer bataille, „si tu te crois assez fort pour me resister? Si au contraire „tu te sens trop foible. cesse de fuir devant moi, entre en „conférence avec ton maitre, et ne manque pas de lui appor-„ter la terre et l'eau comme un gage de ta soumission.

COMMENTAIRE.

Quatorze siècles après Darius Arpad, Souverain des Turcs-Hongrois, demanda aux habitants Bulgares de la Hongrie une bouteille d'eau du Danube, et une poignée d'herbe d'Olpar ou Kezkemet, et l'ayant obtenu, il se crut des droits à la souveraineté de tout le pays. Ces anciens usages sont de véritables monuments, qui durent plus que les pierres et les métaux.

CXXVII. Suite du Texte.

„Roi des Perses (répondit Idanthyrse), voici l'état de

„mes affaires. La crainte ne m'a point fait prendre ci-devant
„la fuite, et maintenant je ne te fuis pas. Je ne fais actuel-
„lement que ce que j'avois aussi coutume de faire en tems de
„paix, mais je vais te dire, pourquoi je ne t'ai pas combattu
„sur le champ, comme nous ne craignons ni qu'on prenne nos
„villes, puisque nous n'en n'avons point ni qu'on fasse le dé-
„gât sur nos terres, puisqu'elles ne sont point cultivées, nous
„n'avons point de motifs, pour nous hâter de donner bataille.
„Si cependant tu veux absolument nous y forcer au plûtot,
„nous avons les tombeaux de nos pères, trouve les, et essaye
„de les renverser, tu connoitras alors, si nous combattrons
„pour les défendre."

COMMENTAIRE.

Les Scythes vouloient attirer une seconde fois Darius dans leur
pays, à la gauche des cataractes du Dnieper.

Suite du Texte.

„Nous ne te livrerons pas bataille au paravant, à
„moins que quelque bonne raison ne nous y oblige. C'en est
„assez sur ce qui regarde le combat. Quant à mes maitres,
„je n'en reconnois pas d'autres que Jupiter, l'un de mes ancè-
„tres, et Vesta, reine des Scythes. Au lieu de la terre et de
„l'eau je t'enverrai des présents plus convenables, pour toi
„qui te vantes d'être mon maitre. — — Il suffit tu m'en-
„tens." — Telle est la réponse des Scythes, que le héraut
alla porter à Darius.

CXXVIII. Au seul nom de servitude, les Rois des
Scythes irrités, firent partir les Scythes, sur qui regnoit Skopasis, avec les Sauromates, qui servoient avec eux, pour aller
conférer avec les Joniens à qui l'on avoit conferé la garde du
pont de l'Ister, quand aux Scythes, qui restoient dans le pays,

ils résolurent de ne plus forcer les Perses, à courir de côté et d'autres, mais de les attaquer toutes les fois qu'ils prendroient leur repas. En conséquence ils se mirent à observer le tems où ils le prenoient, et alors ils exécutoient ce qui avoit été concerté entre eux. Dans ces attaques la cavalerie des Scythes mettoit toujours en fuite celle des Perses, mais celle-ci fuyant, se replioit sur l'infanterie, qui ne manquoit pas de la soutenir. Ainsi lorsque les Scythes avoient fait reculer la cavalerie ennemie, la crainte des gens de pied les forcoit aussitot à se retirer. Ils né laissoient pas néanmoins de recommencer de pareilles attaques pendant la nuit.

CXXIX. Ce qui est bien étonnant, c'est que le cris des ânes et la figure des mulets favorisoient les Perses, et étoient désavantageux aux Scythes, quand ils attaquoient le camp de Darius. Il ne nait en effet en Scythie ni âne ni mulet, comme je l'ai dit plus haut, et même on n'en voit pas un seul dans tout le pays, à cause du froid. Les ânes jettoient par leurs cris l'épouvante dans la cavalerie des Scythes. Il arrivoit souvent, que celle-ci alloit à la charge. Mais si sur ces entrefaites les chevaux les entendoient, ils dressoient les oreilles d'étonnement, et reculoient troublés, parce qu'ils n'étoient accoutumés ni aux cris ni à la figure de ces animaux, mais c'est un foible avantage.

CXXX. Les Scythes s'étant apperçu de l'embarras des Perses, eurent recours à cet artifice, pour les faire rester plus longtems en Scythie, et les tourmenter par l'extreme disette de tout s choses. Ils leurs abandonnerent quelques-uns de leurs troupeaux, avec ceux qui les gardoient, et se retirerent dans un autre canton. Les Perses se jetterent sur ces troupeaux, et les enleverent.

CXXXI. Ce premier succès les encouragea, et fut suivi de plusieurs autres. Mais enfin Darius se trouva dans une extreme disette. Les Rois des Scythes en étant instruits, lui envoyerent un héraut avec des présents, qui consistoient en un oiseau, un rat, une grenouille et cinq flèches. Les Perses demanderent à l'envoyé ce que signifioient ces présents. Il répondit, qu'on l'avoit seulement chargé de les offrir, et de s'en retourner aussitôt après, qu'ils les exhortoient cependant, s'ils avoient de la sagacité, à tacher d'en pénétrer le sens.

CXXXII. Dans un conseil tenu à ce sujet, Darius prétendit, que les Scythes lui donnoient la terre et l'eau comme un gage de leur soumission. Il le conjecturoit sur ce que le rat nait dans la terre, et se nourrit de bled ainsi que l'homme, que la grenouille s'engendre dans l'eau, que l'oiseau a beaucoup de rapport au cheval, et qu'enfin les Scythes en lui donnant des flèches lui livroient leurs forces; tel fut le sentiment de Darius. Mais Gobryas, l'un des sept, qui avoient détroné le Moge, fut au contraire de cet avis. „Perses (leur dit il), ces présents signifient, que si vous ne vous envolez pas dans les airs, comme des oiseaux, ou si vous ne vous cachez pas sous terre comme des rats, ou si vous ne sautez pas dans les marais, comme des grenouilles, vous ne verrez jamais votre patrie, mais que vous périrez par ces flèches." — C'est ainsi que les Perses interpréterent ces présents.

COMMENTAIRE.

Ces emblemes, ces énigmes, ces signes étoient dans le génie de l'antiquité, et surtout dans l'orient, et ne doivent point être regardés comme indignes de l'histoire, car l'histoire se compose de ce qui s'est fait et de ce qui s'est dit, et lors même qu'il se seroit dit des puerilités, l'histoire en doit rendre compte.

CXXXIII. Suite du Texte.

La partie des Scythes, à qui l'on avoit précédemment

confié la garde du Palus Méotis, et qui venoit de recevoir l'ordre d'aller sur les bords de l'Ister, pour s'aboucher avec les Joniens, ne fut pas plûtot arrivée au pont, que ceux-ci avoient jetté sur cette rivière, qu'ils leur parlerent en ces termes: „Joniens, nous venons vous apporter la liberté, sup-
„posé toute fois que vous vouliez nous écouter. Nous avons
„en effet appris, que Darius vous a enjoint, de garder ce pont
„durant soixante jours seulement, et que s'il n'étoit pas de re-
„tour dans cet intervalle, vous seriez les maîtres de vous reti-
„rer dans votre patrie. En exécutant cet ordre, il n'aura rien
„à vous reprocher, et nous n'aurons aucun sujet de plainte
„contre vous. Puisque vous êtes demeurés le nombre de jours
„prescrit, que ne retournez vous dans votre pays.“ — Les Joniens ayant promis de le faire, les Scythes se retirerent en diligence.

COMMENTAIRE.

Les Scythes envoyerent chez les Joniens dès que les soixante jours furent passés. A cette époque Darius pouvoit avoir quitté ses chateaux du Choper, et revenu dans la Scythie, il attaquoit Indathyrse et Taxacis (CXXV.). Tandis que Skopasis n'ayant plus d'ennemi à combattre, alla parler aux Joniens, car de penser, que Darius ait pu parcourir toute la Scythie en deux mois, cela seroit impossible. Et si Hérodote l'a cru, il s'est trompé, à la vérité, Hérodote compte 20 journées du Danube au Don, et puis 20 du Don dans le pays des Melanchlenes. Il auroit donc imaginé, qu'une diagonale de vingt journées auroit rapproché Darius du Danube, mais pouvons nous penser, qu'Hérodote connut assez peu la guerre, pour croire, qu'une armée pu faire des marches de 200 stades ou 10 lieues de France sans aucun repos. Il faut donc ou accuser Hérodote, non pas de crédulité, mais d'absurdité, ou bien mettre, comme je le fais, le message des Scythes au tiers à peu près de l'expédition de Darius.

CXXXIV. Suite du Texte.

Après l'envoi des présens, le reste des Scythes se mit en ordre de bataille vis-à-vis des Perses, tant l'infanterie

que la cavalerie, comme s'ils avoient voulu en venir aux
mains, mais tandis qu'il étoient ainsi rangés en bataille un lievre se leva entre les deux armées. Ils ne l'eurent pas plutôt
apperçu, qu'ils le poursuivirent en jettant de grand cris, Darius
demanda quelle étoit la cause de ce tumulte, et sur ce qu'on
lui répondit que les Scythes couroient après un lievre, il dit
à ceux d'entre les Perses, avec qui il avoit coutume de s'en-
tretenir ,,Ces hommes-ci ont pour nous un très grand mépris.
,,L'interprétation que Gobryas a donnée de leur présens, me pa-
,,roît actuellement juste, mais puisque son sentiment me sem-
,,ble vrai, je pense qu'il nous faut un bon conseil pour sortir
,,sains et saufs de ce pas dangereux. — ,,Seigneur (répondit
,,Gobryas) je ne connoissois guerre la pauvreté de ces peuples,
,,que parce qu'en publioit la renommée Mais depuis nôtre
,,arrivée je la connois mieux en voyant de quelle maniere ils se
,,jouent de nous. Ainsi je suis d'avis qu'aussitôt que la nuit
,,sera venue on allume des feux dans le camp, selon nôtre cou-
,,tume, et qu'après avoir engagé par des propos trompeurs, la
,,partie de l'armée la plus propre aux fatigues, à y rester, et
,,après avoir attaché ici tous les ânes, nous partions avant que
,,les Scythes aillent droit à l'Ister pour en rompre le pont et
,,avant que les Joniens prennent une résolution capable de nous
,,faire périr.

CXXXV. Darius suivit le conseil de Gobryas, dès que la nuit fut
venue, il laissa dans le camp les malades, avec ses plus mau-
vaises troupes. Il y fit aussi attacher tous les ânes afin que
leurs cris se fifsent entendre. Quant aux hommes il les y laissoit sous prétexte de garder le camp. Tandis qu'avec la fleur
de ses troupes, il iroit en personne attaquer l'ennemi, mais en
effet parce qu'ils étoient foibles et malades. Ayant persuadé
ces malheureux il fit allumer des feux, et marcha en grande
diligence vers l'Ister. Les ânes, se voyant dans une espèce

de solitude se mirent à braire beaucoup plus fort qu'auparavant. Les Scythes entendant leurs cris crurent les Perses toujours dans leur camp.

CXXXVI. Quand le jour parut les soldats qui étoient restés, reconnoissant que Darius les avoit trahis, tendirent les mains aut Scythes, et leur dirent tout ce que leur situation put leur suggerer. Là-dessus les deux parties des Scythes, s'étant réunies promptement à la troisième couroient après les Perses droit à l'Ister avec les Sauromates, les Budins et les Gélons. Mais comme la plus grande partie de l'armée Perse, consistoit en infanterie, et qu'elle ne savoit pas les chemins parce qu'il n'y en n'avoit pas de tracés, et qu'au contraire, les Scythes étoient à cheval, et qu'ils connoissoient la route la plus courte, ils ne purent se rencontrer. Les Scythes arriverent au pont de l'Ister longtems avant les Perses, et sachant qu'ils n'étoient point encore venus, ils parlerent ainsi aux Joniens qui étoient dans leurs vaissaux: Joniens le terme qui vous a été préscrit est passé.

COMMENTAIRE.

Ce terme devoit être passé depuis long tems, ou la relation d'Hérodote ne seroit plus d'accord avec sa Géographie. L'expédition entiere de Darius doit avoir duré environs six mois depuis son départ du Danube jusques au retour.

Suite du Texte.

Vous avez tort de rester plus long tems. Si la crainte vous a retenu jusqu'à présent dans ces lieux, rompez maintenant le pont: retirez vous promptement et charmés d'avoir recouvré votre liberté, rendez en grace aux dieux et aux Scythes. Quant à celui qui a été auparavant votre maître, nous allons le traiter de maniere qu'il ne fera plus la guerre à personne.

CXXXVII. L'affaire mise en déliberation, Miltiade d'Athénes qui étoit commandant et Tyran de la Chersonese de l'Hellespont, fut d'avis de suivre le conseil des Scythes et de rendre la liberté à l'Jonie. Mais Histiée Tyran de Milet s'y opposa. Il représenta qu'ils ne régnoient dans leurs villes que par Darius, que si la puissance de ce Prince étoit détruite. Ils perdroient leur autorité et que lui-même ne pourroit plus conserver la sienne dans Milet, ni les autres la leur dans leurs Etats. Les villes préférant toutes la démocratie à la tyrannie. Tous ceux qui avoient d'abord été de l'avis de Miltiade revinrent aussi à celui d'Histiée.

CXXXVIII. Ceux qui furent de cette opinion, étoient en grande estime auprès du Roi, parmis les Tyrans de l'Hellespont. Il y avoit Daphnis d'Abydos, Hippalus de Lampsaque, Hérophante de Parium, Metrodore de Proconese, Aristagoras de Cyzique, Ariston de Byzance. Ceux de l'Jonie étoient Strattis de Chios, Eaces de Samos, Léodamas de Phocée, Histiée qui fut d'un avis contraire à celui de Miltiades. Aristagoras de Cyme fut le seul homme considérable, qui assista à ce conseil du coté des Eoliens.

CXXXIX. Le sentiment d'Histiée ayant été approuvé, on ajouta qu'on romproit de la longueur de la portée d'un trait l'extrémité du pont du coté de la Scythie, afin de montrer aux Scythes qu'on vouloit en quelque sorte les obliger. Quoique dans le fond on n'en fit rien et de crainte que les Scythes ne voulussent malgré eux passer l'Ister sur le pont. Il fut aussi réglé qu'on leurs enverroit dire, qu'en rompant la partie du pont qui aboutissoit à leur pays, on avoit dessein de leur donner une entiere satisfaction. Après quoi Histiée répondit aux Scythes au nom du conseil. „Scythes, votre avis est salu-„taire, et vous nous pressez fort à propos. Comme vous nous

„montrez la vraye route que nous devons suivre, nous vous
„ferons voir aussi que nous sommes disposés à vous servir. Nous
„rompons en effet le pont comme vous le voyez, et nous nous
„porterons avec ardeur à recouvrer notre liberté. Pour vous
„pendant que nous sommes occupés à détruire ce pont. Il est
„à propos que vous alliez chercher les Perses et qu'après les avoir
„trouvé, vous nous vengiez en vous vengeant vous mêmes com-
„me il convient.

CXL. Les Scythes se fiant pour la seconde fois, aux Joniens, rebrousserent chemin pour aller chercher les Perses.
Mais ils prirent une autre route et les manquerent. Ce fut
leur faute, puisqu'ils avoient détruit, les foins et bouché, les
fontaines de ce coté, sans ce dégat il leur eut été aisé de trouver les Perses, s'ils l'eussent voulu, le parti qu'ils avoient cru
le plus avantageux, fut alors cause de leur méprise, ils chercherent l'ennemi dans les cantons de la Scythie où il y avoit
de l'eau, et des fourrages, pour les chevaux, persuadés qu'il
s'enfuyoit de ce côté. Mais les Perses suivoient l'ancienne
route, qu'ils avoient observée, et cependant ils eurent bien de
la peine à gagner l'endroit où ils avoient traversé le fleuve, y
étant arrivé de nuit, et ayant trouvé le pont rompu, ils crai-
gnirent que les Joniens ne les eussent abandonnés.

CXLI. Darius avoit dans son armée un Egyptien d'une
voix extrêmement forte, il lui commanda de se tenir sur les
bords de l'Ister, et d'appeller Histiée de Milet. L'Egyptien le
fit: Histiée l'ayant entendu dès la prémiere fois, mit aussitôt
tous les vaisseaux en état de passer l'armée et rétablit le pont.

CXLII. Les Perses échapperent par ce moyen et les Scythes qui les cherchoient les manquerent pour la seconde fois.
C'est à cette occasion que ceux-ci disent des Joniens, qu'à les

considerer comme libres, ce sont les plus vils et les plus la-
ches de tous les hommes ; et que si on les envisage comme
esclaves, ce sont les esclaves les plus attachés à leurs maîtres
et les moins capables de s'enfuir. Tels sont les traits que
lancent les Scythes contre les Joniens. *Fin de l'expédition
de Darius.*

Soixante ans s'étoient à peine écoulés de cette expédition
jusqu'à l'arrivée de Hérodote à Olbia, les Grecs de cette colonie, devoient en avoir conservé la mémoire et c'est eux sans
doute qui la lui ont transmise avec tous les détails qu'on vient
de voir. Les Skolotes n'ont été éloignés du pont Euxin et
défaits, par Philippe qu'un siecle, après Hérodote, et il
n'est pas douteux qu'Hérodote n'en aye vu quelques hordes
aux environs d'Olbia qui lui auront aussi donné des éclaircis-
sements, enfin le récit d'Hérodote n'a jamais été contredit par
aucun historien, bien que quelques-uns ayent paru douter que
Darius eut pénétré aussi avant dans la Scythie, mais ils n'a-
voient point de meilleures rélations à lui opposer et se sont
contenté de parler seulement des derniers evenements qui se
sont passés entre le Danube et le Dniester sans nier ni affirmer
les autres. Pouvons nous après deux mille ans affirmer là
où ils ont douté après trois cent ? peut-être qu'oui, par
nous connoissons aujourd'hui toute la Géographie de ces
pays, et nous savons que tout y est comme l'a dit Hérodote.
D'après les regles de la critique, on ne rejette guerre
les récits qui se trouvent conformes à la Chronologie et à
la Géographie, d'après cette regle le recit d'Hérodote ne
doit point être banni de l'histoire et peut-être adopté, sans
restriction seulement en mettant l'ambassade des Scythes
aux Joniens, à la fin du second mois de l'expédition, et au
tems où Darius étoit encore au fond de la Scythie, mais je suis

loin de prétendre pouvoir décider la question, et j'ose seulement en appeller aux maîtres dans l'art critique.

TROISIEME PARTIE DU CHAPITRE VII.

Texte d'Hyppocrate du traité de l'air et de l'humide.

D'ailleurs les autres Shythes se ressemblent entre eux, pour la figure, mais ils diffèrent des autres nations, c'est ainsi que les Egyptiens se ressemblent entr'eux, mais la figure des uns est comprimée par l'excès du chaud et la figure des autres par l'excès du froid.

COMMENTAIRE.

Hyppocrate était à peu près contemporain d'Hérodote, il y avoit alors en Scythie deux éspèces de Tartares. Les Skolotes qui sont nos Borzolu du Caucase, et qui n'ont pas le visage fort applati, et les Nomades proprement-dits, qui sont les ancêtres de nos Nogais, qui ont au contraire le visage aussi applati que des Kalmouks. Hypocrate paroît avoir ceux-ci en vue.

Suite du Texte.

Le désert des Scythes est une plaine élevée, qui abonde en paturage mais qui manque d'eau ou du moins en partie, l'on y trouve cependant de grands fleuves, où l'eau des campagnes va se rendre en petits ruisseaux. C'est là que vivent les Scythes que l'on appelle Nomades, parce qu'ils n'ont point de maisons, et demeurent dans des chariots. Les plus petits de ces chariots sont sur quatre roues et les plus grands sur six.

Quelques uns de ces chariots, sont faits comme des maisons, recrépis de terre glaise, couverts de planches, et quelquefois d'un triple rang de planches, qui finissent en pointe, pour les garantir de la neige et du vent. Ces chariots sont trainés par deux ou trois paires de boeufs; ces boeufs n'ont point de cornes, car le froid les empêche de venir. Les femmes vivent dans ces chariots, mais les hommes sont toujours à cheval.

Ils sont suivis par des troupeaux de boeufs, de brébis et de cavalles, ils ne restent dans un lieu qu'autant que les paturages peuvent suffire à la nourriture de leurs troupeaux, et lorsqu'ils commencent à manquer ils vont dans une autre région, les Scythes vivent de viandes cuites, boivent du lait de cavalles, et mangent aussi de l'hyppace qui est du fromage, fait avec ce lait.

COMMENTAIRE.

Ce fromage est encore fort en usage aujourd'hui, en hyver lorsque les bestiaux ne donnent point de lait et que le fumier est trop humide pour bruler et faire bouillir l'eau, le fromage sec est la seule nourriture des enfants qui ne peuvent pas digerer la viande sechée. On le leur donne trempé dans de l'eau.

Suite du Texte.

Voilà ce que j'avois à dire sur leur moeurs, et leur maniere de vivre, quand à la marche des saisons elle n'est point la même dans leur pays et dans les autres. Aussi les Scythes ne ressemblent-ils point pour la figure aux autres nations, mais ils se ressemblent entr'eux comme les Egyptiens.

Cette nation n'est point féconde, et le pays ne produit point d'animaux sauvages, ou du moins nous n'en connoissons point de remarquables par leur forme ou leur nombre.

COMMENTAIRE.

Les Saïgaks sont très remarquables par leur forme et leur nombre, et sont réellement les véritables naturels de nos Steps. Strabon les appelle Kolos, et en a donné une très bonne déscription.

Suite du Texte.

Cette région est située sous la constellation des ours, et près des monts Riphéens, qui nous envoyent le souffle de Borée.

COMMENTAIRE.

Les monts Riphéens n'étoient autres que les **Rywnickie Gory,** mais les anciens s'en faisoient de hautes idées, et les confondoient avec les monts de Werchoturie, dont ils connoissoient la partie méridionale.

Suite du Texte.

Le soleil n'y a que très peu de force, même dans le solstice d'été, tems auquel il s'approche beaucoup de cette contrée.

COMMENTAIRE.

Les chaleurs sont souvent excessives dans les plaines du Don et du Wolga, Hyppocrate confond les pays septentrionaux de la Scythie avec les méridionaux. On voit assez qu'il ne doit être lu qu'avec précaution.

Suite du Texte.

Les vents, qui viennent des pays chauds, ne pénètrent pas bien avant dans cette contrée, mais bien ceux, qui viennent de la constellation des ours. Ils y soufflent sans cesse, la neige n'y quitte point les montagnes, les rend inhabitablés. Un air nébuleux pèse sur les campagnes. Les hommes eux-mêmes demeurent toujours dans l'humidité.

COMMENTAIRE.

Ceci n'est vrai, que des pays, qui sont immédiatement au nord du Caucase, je ne crois pas, qu'il y ait au monde un climat plus humide, ni un ciel plus nébuleux. Mais ce pays là n'appartenoit pas à la Scythie, il appartenoit à la Sarmatie asiatique.

Suite du Texte.

L'hyver n'y est interrompu que par quelques jours d'été.

COMMENTAIRE.

Le climat peut avoir changé, mais il est sûr pourtant, que des peuples pasteurs n'auroient pu subsister dans des contrées, où la neige eut été permanente plusieurs mois. Ceci doit apparemment s'entendre des contrées les plus septentrionales de la Scythie.

Suite du Texte.

Le pays ne consiste point en montagnes, mais en plaines très hautes placées sous la constellation des ours. Les grands quadrupèdes ne naissent point dans ces plaines, mais seulement les petits, dont l'instinct est de se creuser des trous dans la terre. C'est une terre toute nue, sur laquelle les animaux ne trouveroient point d'asyle ni d'ombrage.

COMMENTAIRE.

Tout ceci n'est pas exactement vrai, car nos grandes plaines sont entremêlées de ravins profonds et boisés, qui servent de retraite à de nombreuses hardes de cerfs. Les roseaux, qui bordent les eaux, recellent des loups et des sangliers, et la plaine élevée est elle même habitée par le Saïga, qui ne cherche jamais l'ombre, non plus que toute la race des Antilopes.

Suite du Texte.

Le changement de saison n'y est pas très marqué, au contraire elles se ressemblent. Delà vient aussi, que les corps et les visages se ressemblent. Ils sont toujours habillés de même, et vivent de la même façon tant en été qu'en hyver.

COMMENTAIRE.

En général les Nogais portent en été et en hyver les mêmes pelisses de mouton, seulement ils mettent le poil en dehors l'été, et en dedans pendant l'hyver. Cette robe de peau de mouton, que les Tartares appellent Touloup, et que nous autres Slaves appellons Kozuch, étoit l'habit Scythique, que l'on retrouve dans plusieurs monuments anciens (voyez Imperium orientale Bandurii).

Suite du Texte.

Ils respirent toujours ce même air humide et condensé. Ils boivent toujours cette même eau, qui n'est que de la neige fondue, enfin ils n'exercent point leurs corps, et il est très vraisemblable, que l'ame et le corps n'acquierent de la force, que dans un air sujet à des variations de temperatures.

COMMENTAIRE.

Ces variations ne manquent point dans les Steps, elles y sont au contraire subites et violentes. On ne peut se dissimuler, que dans la peinture, qu'Hyppocrate fait de notre pays, il n'y ait une teinte d'imagination et d'esprit systematique, qui fait du tort à la vérité.

Suite du Texte.

Pour toutes ces causes les Scythes ont des formes épaisses et charnues, et leurs jointures sont molles et sans force.

COMMENTAIRE.

Aujourd'hui les jointures des Nomades n'ont plus cette mollesse. Il suffit pour s'en convaincre de voir un Kalmouk domptant un cheval sauvage, et probablement il en étoit de même au cinquieme sciècle avant J. C. Mais Hyppocrate raisonnoit ainsi: ,,Un pays ,,humide doit produire des hommes, dont les jointures seront mol- ,,les, la Scythie est un pays humide, donc les Scythes ont des ,,jointures molles — La vérité est, que la Scythie est un pays sec, et que les habitants en sont très vigoureux.

Suite du Texte.

Les ventricules ont aussi beaucoup d'humidité, et particulièrement le bas ventre, qui ne peut jamais se dessecher entièrement, parce que la température du pays est humide. Voici encore une preuve du tempérament humide des Scythes. Vous en trouverez beaucoup et particulièrement des Nomades, qui ont les épaules et les bras paralisés, aussi bien que les jointures, et ce mal a son origine dans l'extrême humidité de leur nature. Lorsqu'ils en sont atteints, ils ne peuvent ni tendre un arc, ni lancer un javelot, alors ils ont recours au feu, et se brulent les épaules, les bras, les cuisses, la poitrine, cette opération consume l'humeur humide des jointures, et leurs membres prennent plus de force et de nourriture.

COMMENTAIRE.

Les vents du Step sont si pénétrants, qu'ils donneroient surement des rhumatismes aux Nomades, s'ils ne s'en garantissoient par de doubles et triples pelisses, et des feutres ou casaques, qu'ils tournent du côté du vent. Cependant ces maladies ne leur sont point inconnues, et ils y appliquent l'ustion, se servant pour cela de têtes de pipes rougies au feu.

Suite du Texte.

Leurs jointures deviennent flasques pour une autre raison, et c'est parce qu'on ne les emaillotte pas dans des langes, comme font les Egyptiens, de plus on les met à cheval avant qu'ils sachent s'y tenir, et en troisième lieu, ils sont dans une inaction perpétuelle, qui les amollit. Les garçons vont à cheval, et y sont sans selle, avant que d'avoir atteint l'âge de puberté. Ils sont aussi beaucoup dans leurs chariots, mais ils marchent très rarement. Les femmes ont aussi des formes d'une mollesse singulière.

COMMENTAIRE.

Il me semble, que le père de la médécine est parti ici du principe, que l'humidité devoir occasionner et produire tous ces effets, et que par conséquent tous ces effets existoient, mais la vérité est, qu'il n'y a d'humide et nébuleuse, que la partie du Step, qui touche au Caucase, et tous les effets prétendus de cette humidité, n'existent pas d'avantage. Les femmes des Nogais et Kalmouks n'ont point les formes molles, et les Princes Circassiens ne deviennent point impropres à la génération, quoique on les mette à cheval à cinq ans sur des selles en dos d'âne, et dont ils ne peuvent tomber, parce qu'ils y sont entourés d'une espèce de garde-fous, je n'ai même dans tous ces pays-là jamais entendu parler d'Herenies.

Suite du Texte.

Les Scythes sont en général roux, et cela à cause du froid, qui rend la blancheur rousse.

COMMENTAIRE.

Ce passage prouve bien, qu'Hyppocrate avoit écrit cet article sur des notions vagues. Le caractère distinctif des Scythes-Tschouds, anciens Scythes, étoit effectivement d'avoir les cheveux roux, mais les Tartares ont au contraire tous les cheveux bien noirs.

Suite du Texte.

Il est impossible, que leur nature soit prolifique, puisque les hommes n'y ressentent que des désirs très foibles, ce qui provient de l'humidité. „Accedit his lassitudo equitatione „contracta, quae eos ad commixtionem reddit impotentiores, at-„que hae sunt causae, cur viri infecundiores putentur."

COMMENTAIRE.

Je me rappelle, d'avoir lu et expliqué ce passage à un Prince Kalmouk de la horde des Tschong-kars. Il en a beaucoup rit et m'a dit, que les Kergis, qui sont encore plus continuellement à cheval, que les Kalmouks étoient de vrais faunes pour les désirs, et qu'ainsi l'usage de l'équitation n'y faisoit rien.

Suite du Texte.

„Mulieres vero pinguedo carnis et humiditas, steriles fa-„cit pro quibus uteri earum genitale semen arripere nequeant.

„Lunares enim purgationes, eis non eveniunt, quem ad modum
„est necesse, sed minus et intempestive. Ipsum que uteri os
„pro pinguedine concluditur, ut nequeant semen suscipere.
„Sunt etiam otiosae et pingues, ventres que earum frigidi et
„molles.‘ — Voilà les causes du peu de fécondité des femmes Scythes, et la preuve, que ce défaut tient plus aux femmes qu'aux hommes, c'est que ceux-ci rendent prolifiques leurs
esclaves.

COMMENTAIRE.

On voit assez de femmes grasses chez les Nogaïs, et peu chez les
Kalmouks, et les unes et les autres ne sont pas très fécondes, mais
elles sont loin d'être indiférentes et froides. On les achete très
cher en Crimée et dans le Caucase précisement par-ce qu'on leur
suppose des qualités toutes contraires.

Suite du Texte.

De plus il y a des Scythes qui naissent Eunuques, ils
font tous les ouvrages des femmes, et on les appelle Enarrées
ou Efféminés. Leurs compatriotes rapportent ce defaut à la volonté des Dieux, et ils adorent ces mêmes efféminés pour éloigner d'eux un mal semblable. Pour moi je pense que ce mal
vient de la divinité, ni plus ni moins que tout le reste des
choses que nous connoissons, car je crois que chaque chose a
sa propre nature, et que rien n'est hors de la nature.

COMMENTAIRE.

Voici ce que le voyageur Reynigs dit à ce sujet: „La plus re-
„marquable des races du Caucase est celle des Nogaï ou Mongutaï.
„Elle se distingue de toutes les autres par les traits et la physio-
„nomie Mongale. Les hommes ont des visages larges et charnus,
„les pommes des joues élévées, et les yeux enfoncés dans la tête,
„leur barbe n'est composée que de cinquante à quatre vingt poils.
„Lorsque les maladies les enervent, ou que l'âge produit cet ef-
„fet, leur peau se ride sur tout le corps. Le peu de poils qu'ils
„avoient à leur barbe tombe, et le malade prend tout l'air d'une

„femme, il devient impuissant et ses actions et ses sensations, n'ont
„plus rien de Masculin Dans cet état il est obligé de fuir la
„société des hommes, il reste avec les femmes, s'habille en fem-
„me, et quiconque le verroit parieroit mille contre un, qu'il voit
„une femme vieille et très laide. — Or donc voici ce que j'ai à
observer sur ce passage de Reynigs. On m'avoit envoyé son ouvrage de Pétersbourg pendant que j'hyvernois à Grégoriewsk, je fus
très charmé de retrouver les Enarées de Hyppocrate et Hérodote.
Je m'en informai de divers particuliers qui vivoient dans le Beschtow.
Mais ils me repondirent tous qu'ils n'en n'avoient aucune connoissance;
peu de tems après je fis un voyage sur la Kuma et je revins par
les sables d'Antekeri, où je trouvai presque toute la nation rassem-
blée. Et ce fut aux puys rouges, que je vis pour la prémiere fois
un de ces Enarrées que je pris pour une vieille femme et ayant
pris de plus justes informations, je fus convaincu que cette maladie
existoit encore telle à peu près que la décrit Reynigs, cependant
je crois qu'il a tort de dire que les Enarrées ou Khoss, s'habillent
en femmes. Il faudroit pour cela qu'ils prissent le voile et la robe rouge. Mais ils est vrai que les vieilles femmes Nogaïes, se
contentent souvent de mettre une pelisse de mouton à crud sur
leur peau bise, et un bonnet de mouton sur la tête, et alors on
ne peut pas les distinguer d'avec les Khoss. — Cette maladie n'est
point inconnue en Turquie et l'on y donne le nom de Khoss,
à tous ceux qui sont chauves par la barbe. Et ils passent pour
des hommes d'un mauvais caractère. Les Francs qui se sont trouvés à Constantinople vers l'an 1784 peuvent se rappeller un bro-
deur dont la boutique étoit au bas de la descente de Galata et qui
étoit dans le dernier dégré de cette maladie.

Je ne sais pas pourquoi Mr. Reynigs donne le nom de Mon-
gutai à tous les Nogaïs. Les Kalmuk appellent tous les Tartares
Mangut, mais je ne connois qu'une seule tribu qui se donne ce
nom à elle même et elle n'est même pas proprement Nogaïe, j'ai
été dans leur horde, et la maladie n'étoit pas du tout connue
chez eux.

Suite du Texte.

Les Scythes qui sont toujours à cheval, sont sujets à des
douleurs aux cuisses et leurs vertebres se contractent. Lorsque
la maladie prend le dessus: et voici les remedes qu'ils emplo-

yent. Dans le commencement de la maladie, ils se coupent une veine derriere l'oreille. S'étant ainsi tiré beaucoup de sang, l'affoiblissement les plonge dans un long sommeil, dont les uns se reveillent guéris et d'autres non, mais je pense que ce remede leur fait beaucoup de mal, car si l'on coupe à quelqu'un la veine qui est derriere l'oreille on le rend stérile, et voilà pourquoi les Scythes sont si peu féconds. Lorsque les Scythes se sont ainsi coupé les veines derriere l'oreille, ils ne se doutent point de l'effet de cette opération, et vont trouver leurs femmes, s'appercevant que leur impuissance est incurable, ils en accusent quelque divinité. Alors ils s'habillent en femmes, confessent publiquement qu'ils ne sont plus des hommes, demeurent avec les femmes et s'occupent des mêmes choses.

Conclusion.

On a vu dans Hérodote et Hyppocrate, que les Scythes-Skolotes étoient bien des Tartares, qu'ils n'en différoient ni par la maniére de vivre ni par rien d'essentiel, mais en même tems on a pu voir que les Grècs donnoient aussi le noms de Scythes à d'autres peuples qui avoient habité la Scythie avant eux.

Ces fausses dénominations sont encore très communes aujourd'hui, particuliérement en Russie, où l'on donne par exemple le nom de Tartares aux Morduans qui sont d'une race toute différente, et toute l'Europe ne confond-elle point sous le nom d'Indiens mille peuples différents répandus sur les deux hémispheres. Mais enfin je crois bien les avoir distingué et dans la quatrieme partie de ce chapitre, je vais suivre le fil de l'histoire des Tartares jusques au tems où elle n'offre plus d'obscurité.

QUATRIEME PARTIE DU CHAPITRE VII.

Au tems d'Hérodote et d'Hyppocrate il y avoit donc en Russie deux espéces de Tartares ; les Nomades proprement dits et les Skolotes, auxquels on peut encore ajouter les Turcs voisins des Thyssagètes, c'est - à - dire le pays des Baszkirs actuels.

Les Nomades proprement dits étoient les Hippomolgues d'Homere. Les Skolotes venus des Saces (ou Ouzbegs) se divisoient en trois races; les Auchates ou glorieux, les Katiars appellés aussi Thraspies et les Basiliens ou Paralates. Les mêmes Skolotes ou Saces avoient aussi envoyé une colonie à l'endroit où sont aujourd'hui les Tartares de Sibérie.

Mais je vais dire un mot sur le nom des Skolotes. — Il me paroît en ôtant la terminaison Grecque Skolo-taï, il me paroît dis-je que ce nom ressemble beaucoup à celui des Sekel au pluriel Seklar que les Hongrois donnent dans leurs livres à tous les Scythes, et ce nom est encore celui d'un peuple de Transylvanie, qu'on sait n'être pas venu avec Arpad mais long tems auparavant avec Attila, et d'après cela j'ose dire que ce nom n'est qu'une corruption de l'ancien nom de Skolot qu'on trouve dans Hérodote ou Skol, car Skolotai est Skol terminé à la Grèque.

Les Basiliens ou Royaux étoient en quelque sorte les maîtres des autres, mais leur souveraineté qui alla toujours en s'affoiblissant fut enfin éteinte dans la personne du Roi Athéas vaincu par Philippe. Cependant les peuples subsisterent toujours, et je vais les retrouver dans tous les Géographes postérieurs.

Au tems de Strabon, les Nomades vivoient entremêlés aux Roxolans et sous leur empire. Les Basiliens avoient aussi une existence obscure, dans leur ancien pays, mais d'autres

Turcomans sous le nom d'Aorses (*ou gens qui ne font pas de bruit*) habitoient entre la Caspienne et le Don, et transportoient sur leurs chamaux, les marchandises des Arméniens, on les appelloit ainsi parce qu'ils n'avoient pas de ces chariots criards qui distinguoient particulièrement la race des Nomades, proprement dits, ou Hamaxobites. Il descendoient des Turcs-Ouz.

Observons en passant que Strabon met parmi les tribus du Jaxartes les Sakar-aoul, qui veut dire tribus des Saces, car les Grècs ecrivoient Saces par un K.

Dans Pomponius Méla on distingue déjà les Coamans qui sont les Cumans des tems postérieurs, ils faisoient partie des Nomades, et ceux-ci sont bien distingués des Basilides comme dans Hérodote.

Pline nous avertit que le nom de Scythe n'étoit plus en usage de son tems, et qu'il s'étoit changé dans les noms de Sarmates et de Germains. Nous ne devons donc pas être surpris s'il fait des Aorses un peuple Sarmate.

On se rappellera que nous-avons vu dans Hérodote l'Hyllée habitée par les Nomades proprement dits. Pline nous les fait retrouver dans la même Hyllée sons le nom d'Ennécaodles, qui veut dire errants dans leurs maisons: c'est la même chose qu'Hamaxobites. Pline fait aussi mention des Cotiers Katiars d'Hérodote, des Euchates, des Basilides et des Coamans. Ptolemée n'a connu de peuple Tartare que les Hamaxobites, les mêmes que les Ennécaodles. Les Basiliens s'étoient retirés vers le Nord.

Tel étoit l'état des choses, lorsque les Huns parurent en Europe, ils venoient des frontieres de la Chine, mais leur race étoit Turque, c'est-à-dire qu'ils étoient de la race que j'appelle Turque, mais d'une division de cette classe qui n'est point parvenue jusques à nous, de la même division que les Oui-gours qui se sont aussi éteints.

Nous savons par la rélation de Priscus qu'Attila envoya un de ses fils, faire la guerre à un grand peuple, divisé en beaucoup de tribus et il appelle ce peuple Catzires, et dans un autre endroit Catisses. Ces Catzires ne sont autres que les Katiars d'Hérodote.

Le Géographe Armenien est encore plus instructif. Il dit: „Le Roi du Septentrion s'appelle Khakan, ils est le Seigneur „des Khazires, la Reine s'appelle Khatunia, elle est la femme „du Khacan, et originaires de la nation des Barsiliens.

Jornandes dit: „Au midi des Estiens est la nation Agazi- „re, elle est vaillante, et ne connoit point l'agriculture, elle „vit du produit de son bétail, et de la chasse.

Le Géographe de Ravenne dit: „Ceux que Jornandes ap- „pelle Agazires nous les appellons Khozars et Chazires.

Moyse de Khorenne dit: „La nation des Barsyliens s'est „fortifiée sur le fleuve Ethel, qui entre dans la mer par soi- „xante embouchures.

Or donc il me semble que les Katiars et Basiliens d'Hé- rodote, les Catisses et Basilides de Pline, les Cazires et Ca- tisses de Priscus, les Agazires de Jornandes, les Cazires Barsi- liens de Moise de Khorenne, sont un seul et même peuple. Suivons.

Théophanes dit: „Alors la nation nombreuse des Chazares, „sortit de la Berzelie interieure, qui fait partie de la Sarma- „tie prémiere.

Et Moyse de Khorenne dit: „la premiere partie de la Sar- „matie est vers l'orient, peu éloignée de la Zalurie que les Ger- „mains appellent Bulgarie.

Les Khozars s'étoient emparé de tout le midi de la Russie, mais peu-à-peu les Patzinaces ou Kangly, les Nogais d'aujourd'hui, s'emparerent de toutes leurs terres, alors les Khazares furent reduits à la Crimée qui à cause d'eux fut appellée Ghazarie; et ils s'étendirent vers le Volga, et le haut Don, où ils avoient une ville qui s'appelloient Sarkel et que les Russes appelloient Beluwesch.

Lorsque Wolodimir le grand eut pris cette ville les Khosares se retirerent dans le Caucase, où ils fonderent un état respectable et donnerent leur nom à la mer Kaspienne; qui est encore aujourd'hui appellée par les Persans *Kezar-daria*. Leur capitale s'appelloit Balangar selon Abulfeda, quand aux Barsiliens ils allerent dans le fond du Caucase et dans le midi de la Géorgie où on les appelle encore Borzolu.

Les descendants des Khozars qui parlent tous ce dialecte que l'on appelle Kumik, habitent encore entre Derbend et le Terek où ils ont enlevé les terres des Kozaks Grébenski, mais d'autres peuplades parlant le même dialecte, habitent des vallées très reculées du Caucase, et adorent des arbres et et des rochers.

Quand aux Hyppomolgues d'Homere, ou Nomades Hamaxobites, les Tartares disent qu'Ogouz Khan donna à leur tribu le nom de Kangly, à cause du bruit que faisoient leurs chariots, et effectivement un brancard sur deux roues s'appelle encore aujourd'hui Kangl, ces Kangly, sont ceux que les Grècs ont appellé Patzinaces, et cela dans des tems si connus qu'il n'y a aucun doute à cet égard. Ce nom de Patzinaces vient du verbe Patasso, je fais du-bruit, c'est pour ainsi dire une traduction de Cangly, car les roues des chariots Tartares font un bruit affreux, ils s'en vantent, et disent qu'il n'y a que des voleurs qui craignent d'être entendu.

Les Patzinaces s'affoiblirent peu - à - peu, et les Komans ou Kipzaks leur succéderent dans la Russie méridionale, Anne Comnene dit qu'ils parloient la même langue que les Patzinaces. Ils fleurirent pendant deux siècles. Alors parut Baty fils de Gengiskhan. Le Noyau de son armée étoit de Mongales, mais le gros étoit un mélange de nations auxquelles on donna le nom de Tartares. Les restes des Cangly et des Kipzaks, se fondirent dans cette armée, et puis ils furent encore confondus sous le nom de Nogais, mais il y a encore deux tribus, chez lesquelles j'ai été, dont l'une porte le nom de Kipzaks et l'autre de Kangly, celte derniere descend donc des Nomades Hyppomolgues d'Homere, et les Kipzaks chez qui j'ai été aussi descendent des Coamans de Pline.

Quand aux Saces appellés aussi Sakes, Sakar - aoul, Sakataï, Sadgian je crois que leurs descendants ne subsistent plus dans le Turquestan et qu'ils y ont été remplacés presque partout par les Ouz ou Turcomans septentrionaux, mais leur langue subsiste encore, on l'appelle le Tschagataï et en Crimée Tschigeltaï où quelques lettrés l'entendent encore assez pour déchiffrer de vieux Parchemins des premiers Khans et la langue des Tartares de Khazan a beaucoup de rapport avec le Tschigiltaï.

Les Tartares de Kaschgar, Khoten, Hiarkend sont peutêtre les vrais descendants des Saces méridionaux. Mais ils different peu des Ouzbegs.

Les Turcs de Constantinople sont aussi venus du Turquestan meridional ou Schadgian comme l'appelle leur historien Khodgia - Effendi. Mais le Sang Grec a effacé tout ce qu'il y avoit de Tartare dans leur phisionomie. Tandis que les Tartares du nord ont au contraire applati la leur par le mélange du sang Mongale sous les fils de Gengis - Khan.

Je termine ici ce long chapitre dont le principal but étoit de prouver, que les Scythes d'Hérodote, les Scythes vainqueurs de Darius étoient bien des Tartares, ce qui d'ailleurs se prouvoit assez par la forme applatie de leur visage, leur coutume de traire des juments, de mettre leurs maisons dans des chariots etc., et ce seroit au gens d'une opinion différente, à rassembler des preuves contraires à cette identité.

CHAPITRE VIII.

Peuples du Caucase.

Je commencerai par les Lesgis ou Légis dont la plus ancienne mention historique, je trouve chez Hérodote, bien que Strabon soit le premier qui les nomme Legis.

Texte d'Hérodote, Traduction de Larcher.

La mer Caspienne est une mer pour elle-même et bien différente. Elle a autant de longueur qu'un vaissau qui va à la rame peut faire de chemin en quinze jours, et dans sa plus grande largeur autant qu'il en peut faire en huit. Le Caucase borne cette mer à l'occident; c'est la plus grande de toutes les montagnes, tant par son étendue que par sa hauteur. Elle est habitée par plusieurs nations différentes, dont la pluspart ne vivent que de fruits sauvages. On assure que ces peuples ont chez eux une sorte d'arbres, dont les feuilles broyées et mêlées avec de l'eau, leur fournissent une couleur, avec laquelle ils peignent sur leurs habits des figures d'animaux. L'eau n'éfface point ces figures et comme si elles avoient été tissues, elles ne s'usent qu'avec l'étoffe.

COMMENTAIRE.

Aujourd'hui encore ils se fait dans la partie du Caucase qui avoisine la mer Caspienne un très grand commerce de Morana. Sorte de garance qui sert à la teinture.

Suite du Texte.

On assure que ces peuples s'accouplent en public comme les bêtes.

COMMENTAIRE.

L'exemple d'Otaïti nous prouve que des pareilles moeurs ont pû exister. Celles de quelques vallées du Caucase sont encore très libres.

Texte de Strabon.

La fleuve Mermadalis fait la frontiere des peuples Scythiques appellés Géles et Légiens: qui eux - mêmes séparent les Amazones d'avec les Albaniens.

Les Lesgis qui s'appellent eux-mêmes Légis habitent encore aujourd'hui cette partie du Caucase qui avoisine la mer Caspienne, il paroît donc qu'ils ne peuvent être que les mêmes sauvages dont parle Hérodote, passons à la seconde race qui sont les Mischegis ou Tschetschenes.

D'abord nous observerons que Strabon n'a point connu les Mischegi-, à l'endroit où ils habitent il place les Geles, qui sont les Ghilans aujoud'hui Talischans.

Nous voyons effectivement que les Mischegis d'aujourd'hui qui sont les Misimianiens d'Agathias et les Mindimianiens de Menandre ont habité dans le moyen âge, plus à l'ouest entre les portes du Caucase, et les pays des Apsiliens aujourd'hui Schapsigh. Les Missimianien ont éié presque détruits en l'année 550, et les Mischegis d'aujourd'hui ne sont que les restes de cette nation.

Mais observons une chose, c'est que Strabon qui a connu toutes les parties du Caucase, ne parle point des Missimaniens, qui étoient cependant une nation remarquable. Différente des Colches, et par la langue et par les mœurs selon Agathias. D'après cela on pouvoit croire que du tems de Strabon les Mischegis n'ont pas été dans le Caucase.

Peut-être ont-ils été dans les monts de la Tauride. Selon le périple anonyme édité par Vossius dans la langue Alanique-Taurique, Ardauda, vouloit dire les sept Dieux ce que l'on pourroit exprimer en Tschetschene ou Mischegis par *Ardaad*. Si donc on vouloit admettre cette similitude on pourroit regarder les Misschegis comme des Taures émigrès.

D'autant que les Taures disparoissent tout-à-coup et quittent la scène de l'histoire sans que l'on sache où et comment. Cependant la langue des Tschetschenes a quelques rapports avec celle des Lesgis, ce qui pourroit faire penser qu'une seule race habitoit les deux chaînes, et celle de la Crimée, n'est aussi qu'un prolongement du Caucase qui l'unit presque au Balcan.

Voila ce que j'avois à dire sur les Lesguis et les Mischegis. Maintenant je passe aux deux autres races à savoir aux Abassas et aux Circassiens dont les langues ont quelques mots communs. Comme il y en a entre les deux premieres.

Les Abassas, sont appellés Achouaz, par la pluspart de pleuples du Caucase. et je crois que les Achouaz sont les prétendus Achaoi ou Achéens des plus anciens géographes tels que Scylax de Caryandre. Le même auteur met après eux les Kerketes, en latin Cercetes ou Cerketes qui sont nos Cirkassiens, c'est donc dans cet auteur que se trouve la plus ancienne mention historique.

Les Achoaz résisterent à Mitridate et il n'osa pas pénétrer dans le pays des Zygiens. Ces peuples s'appellent aujourd'hui Schigaki, Pomponius Méla les appelle Cercétias.

Les Saniens de Pline sont nos Saniens que les Russes appellent communement Mahmet Zanow, et les Apsiliens sont nos Schapsigs, qui sont tous Circassiens.

Lorsqu'Arrien voyageoit par ordre de Trajan :

Le Roi des Apsiles étoit Julien.
Le Roi des Abassas étoit Rhesmagus.
Le Roi des Sanniges étoit Spadagus.
Le Roi des Zyches étoit Haschempax.

Ce dernier nom est tout-à-fait Circassien.

Texte de Procope de Césarée.

Au-delà des Apsiliens, et au-delà d'une des extrémités du Pont, sont les Abazgiens, qui s'étendent jusques au Caucase. Ils étoient autrefois sous la domination des Laziens, bien qu'ils fussent conduits par deux Princes de leur nation dont l'un commandoit dans la partie qui regarde l'orient. Ces Barbares ont adoré des arbres jusques à notre tems.

COMMENTAIRE.

Ils en adorent encore, quelqu'uns y gravent une croix.

Suite du Texte.

Ils ont souffert de grandes vexations, par l'avarice de leurs Princes, qui arrachoient aux peres et aux meres les enfants les mieux faits, et les rendoient eununques afin de les vendre plus cher aux Romains. Leur cruauté alloit plus loin, ils faisoient mourir les peres, de peur d'avoir des sujets qui leur fussent suspects et qui pussent porter jusqu'aux oreilles de l'Empereur, les plaintes des outrages qu'on leur faisoit : les parents infortunés trouvoient dans la bonne mine de leurs enfants la cause de leur disgrace. C'est pour cela que parmis les Eunuques du Palais il y en avoit toujours plusieurs de la nation dont je parle.

Les affaires des Abazgiens ont changé de face sous le regne de Justinien et ont été mises en meilleur état. Il leurs a fait embrasser la Religion Chretienne et il a defendu à leurs Rois de faire des Eunuques. Cette defence fut reçue avec un applaudissement général du Pays qui ne manqua pas de veiller à ce qu'elle fut observée parce que chacun jusqu'alors avoit appréhendé d'avoir de beaux enfants. L'Empereur y bâtit une magnifique église, sous l'invocation du nom de la Vierge et il y établit des Prêtres qui enseignerent au peuple toutes les cérémonies de la Réligion. Peu de tems après les Abazgiens se délivrerent de la domination de leurs Princes et assurerent leur liberté.

Quand on a passé les frontieres des Abazgiens on rencontre entre eux et les Alains les Bruchiens qui sont proches du mont Caucase.

COMMENTAIRE.

Les Alains sont ici les Ossetes, les Bruchiens sont ces Brutacs qui dans la suite embrasserent la Réligion Juive, il y en a encore des restes dans le Caucase.

Suite du Texte.

Les Zéchiens habitent sur le bord du pont Euxin. L'Empereur leur donnoit autrefois un Roi. Mais maintenant ils ne relevent de lui en aucune maniere.

COMMENTAIRE.

Il paroît que voila le nom des Zyches devenu celui de toute la nation Circassienne, et le nom des Cerketes se perd à la même époque.

Suite du Texte.

Après leur pays est celui des Sagides dont les Romains ont possedé la partie voisine de la mer où ils avoient bâti deux forts, dont l'un s'appelloit Sebastopol et l'autre Pityonte.

COMMENTAIRE.

Ceci prouve que les Sagides de Procope étoient les Sanides ou Saniens des anciens Géographes. Ces Sanides ne sont point les Zaniens, Tzaniens, Zanariens des environs de Trébisonde.

Dans Constantin Porphyrogénete, il est beaucoup question de Circassiens mais sous le nom de Zyches et il rapporte des mots de leur langue, qu'on retrouve dans le Circassien d'aujourd'hui. Constantin rapporte que les Cabares se sont détachés des Khazares et se sont joints aux Turcs-Hongrois. Ces Cabares paroissent être les peres des Princes de la Kabarda, mais non point de la nation qui est Circassienne.

Enfin nous avons un ancien voyageur Italien appellé George Intenario, qui commence sa relation par ces mots: Zychi in Lingue volgare Greca e Latina cosi Chiamati da Tartari e Turchi dimandati Circassi, et in loro propio Linguagio appellati Adiga.

Les Circassiens se donnent effectivement à eux-mêmes le nom de Edege, et sont comme on le voit les mêmes que les anciens Zyches et Cerketes. Ce qui étoit à démontrer. J'ai donc retrouvé la plus ancienne histoire des quatre peuplades Caucasiennes aujourd'hui existantes à savoir des Lesgis, Mischegis, Abassas, et Tschercasses.

Mais en même tems j'avertis que les anciens Géographes ont fait mention de plusieurs nations dont on ne retrouve plus aujourd'hui la postérité. Tels sont les Hénioches, Coraxites, Koliks, Moísynoeces, etc.

24 *

Reste à déterminer l'origine des Kosaks, sur laquelle on a disputé je ne sais trop pourquoi, car rien n'est plus clair. Au tems de l'Empereur Constantin Porphyrogénete, il y avoit sur la mer d'Azoph, deux principautés dont l'une s'appelloit Kasakia et l'autre Alania qui est Ascipurgium.

Un demi siècle après Mstislav fils de Wolodimir vient à la tête des Slaves, passe dans l'isle de Taman, combat le Prince de Jafs et des Kasogs et s'empare de son pays.

Mstislav ayant vaincu le Prince des Kassogs et s'étant emparé de la Kasakia, ses sujets Slaves deviennent les Kasaks.

Mais nous ne voyons pas la fin de cette domination, il est donc probable que les Slaves n'ont jamais quitté tout à fait ces contrées, ou ils ont été joints par des transfuges de Kiow.

Le pays des Tartares Kumuks a été autrefois habité par des Kosaks, ainsi que le prouvent les noms de Kostiak et Andreiowa, mais on ne sait ni quand ils ont fondé ces villages ni quand ils les ont perdu. Rubrikis a vu des Russes sur le Don en 1254.

CHAPITRE IX.
Origines Ibériennes.

Ce chapitre est mal nommé, car comme je l'ai observé ailleurs, il n'y a rien à dire sur l'origine d'un peuple aussi ancien que l'histoire elle-même, et le nom d'Ibérie est absolument inconnu dans le pays, à moins qu'on ne le regarde comme une corruption d'Igeria, qu'on trouve dans Moyse de Khorene, et qui est le nom d'une partie de l'Imirete.

Tobelus, fils de Japhet, étoit selon Flavien Joseph le premier chef des Géorgiens, et le fondateur de Teblis, aujourd'hui Teflis. Mais le même écrivain donne aussi le nom de Tobelus à Tubalcaïn, personnage antidiluvien, et qui est le Vulcain de la Génèse.

Bochart regarde aussi les Tybareniens, alliés des Mosches, et grands fabricateurs de métaux, comme les descendants des Tobel de l'Ecriture.

Ensuite vient l'histoire de la toison d'or, la colonie Egyptienne conduite par Sésostris et tant d'autres événements illustres, dont le Caucase a été le théâtre, mais qu'il ne faut point encore vouloir tirer de la nuit des tems.

La Géorgie vient d'être annexée à l'Empire Russe, et l'on y établit un gouvernement régulier. Bien que son influence ne s'étende point encore sur la pente occidentale du Caucase, on pourra avec le tems en connoître tous les peuples, recueillir les traditions, comparer les langues. Mais vouloir aller au devant des notions et des données par des solutions hatives. C'est le défaut de notre siécle, et dans lequel je tâcherai de ne point tomber.

CHAPITRE X.
Origines Phrygiennes.

Les Rabins et tous les Juifs donnent aux Allemands le nom d'Aschkanaz. Une version allemande de la Bible s'appelle Thargum - Aschkanasi, ils n'ont point d'autre nom, et la preuve, que cette dénomination est traditionelle, c'est que l'on trouve dans la version Arabe, à la place d'Aschkanaz, Frengi ou Francs, qui étoit le nom des Allemans dans le neuvième et dixième siècle, époque, qui fut celle, où fleurit Rabi Sadias

Gohar, natif de Bagdad, et auteur de cette version. Les Gé-
néalogistes, qui font remonter au même tems les ancêtres de
la maison de Brunswick, l'appellent, on ne sait trop pourquoi,
maison Ascaniene.

2. Jéremie parlant des puissances de l'Asie mineure,
dit Askanaz. Meni et Ararat. Ce dernier nom désigne l'Armenie; Méni, ou Meonie est la Lydie, est Askanaz est la Phrygie
Ascanienne, petit royaume, qui venoit alors même d'être renou-
vellé par Gordius.

3. Homère, dit: „Les Phrygiens étoient conduits par
„Phorcys et Ascanius. Ils venoient de loin de l'Ascanie."

4. Strabon dit: la Mysie a souvent été confondue avec
la Phrygie, et de-là vient, que Tantale, Pelops et Niobé sont
appellés Phrygiens.

5. Voilà donc la question, qui commence à se dé-
brouiller, car nous voyons, qu'avant les derniers Phrygiens, qui
étoient Thraces, il y avoit eu deux autres peuples Phrygiens;
les premiers, dont il sera question dans le chapitre suivant,
étoient les Phrygiens-Tygramenes de Flavien. Les seconds, qui
sont les Phrygiens Mysiens, sont allés dans le Peloponese sous
la conduite de Pelops, et ce sont là les Phrygiens Ascaniens.

6. Mais quelle langue a parlé Pelops? Quelle langue
a-t-il apporté dans la Grèce? Je le demande aux Allemands,
il n'y a chez eux aucun litérateur, qui ne sache que sa langue a des rapports infinis avec le Grec, et ce que je vais dire
prouvera que ces rapports doivent être attribués à l'immixtion
de la langue des Phrygiens.

9. Platon dans son Cratile dit, que Pur, le feu, et
Udor, l'eau, étoient des mots d'origine Barbare, et que les

Phrygiens les prononcoient d'une manière peu différente des Grecs. Cette manière étoit peut-être fuur et vader, comme dans le plat allemand. Et ce qu'il y a de particulier, c'est que les mots du plus ancien grec déplacés par les mots phrygiens, se retrouvent dans le Grec moderne. On y appelle l'eau Neron, qui est évidemment l'ancien mot, puisque de-là vient Nerée, Néréide, et le feu est appellé Photia, qui tient à Phos lumière. — On trouve dans Hésychius beaucoup de ces mots grecs, plus anciens que le Grec litéral.

Pur et Udor étoient donc des mots Phrygiens, il nous en est resté peu d'autres, mais ce peu est allemand,

Eekos, pain, en allemand Baken, faire du pain.

Men, le dieu Lunus des Phrygiens, est représenté sur une médaille de Haym avec l'inscription Men-Askenos.

Le sacrifice phrygien avec l'inscription Nama-Sabazio s'explique par *au nom de Sabazius*, qui est un surnom de Bachus. Voyez Mem. des Insc. Tome 12.

Manes, nom générique de tous les esclaves Phrygiens, ressemble à Man, homme.

Conclusion.

Tout comme les Riphat, après s'être détaché des Gomerites, ont laissé une colonie dans l'Asie mineure, ainsi les Germains encore réunis aux Celtes, ou séparés depuis peu, ont envoyé une colonie d'Aschcaniens dans cette même Asie mineure. Cette colonie y est peu resté. Pelops, roi des Phrygiens-Mysiens-Aschcaniens, pa sa dans le Peloponnese, et mêla sa langue Japhétique-Celtique avec la langue Japhétique-Jonique des Grecs.

Cependant il étoit encore resté des Phrygiens-Askaniens en Asie Mineure, lorsque Dardanus y conduisit les Thraces Dardaniens et Teucriens, qui fonderent Ilium et eurent aussi le titre de Rois de Phrygie.

Enfin lorsque Troye fut détruite, des Thraces Thyniens et Bithyniens, remplirent toutes les Phrygies grande et petite, jusques au tems où les Gaulois, ou Galates, en occuperent cette partie qui depuis fut appellée Gallo-Grece.

Tout-ceci sera démontré avec plus d'évidence encore dans ma table pour l'histoire de l'Asie mineure.

SUPPLEMENT DU CHAPITRE DIXIEME.

Il me reste à dire pourquoi je me suis éloigné du sens de Flavien Joseph qui traduit, Aschkanaz par Rhéginéens. Or donc il faut savoir que Rhéga appellée aussi Arsakia étoit une ville de Medie, la même que Ragau dans le livre de Tobie et Ragez dans Diod Sicul l. 9. aujourd'hui Reï, les Arsacides Rois des Parthes ont été appellés, et sont encore aujourd'hui appellés dans tout l'orient Aschgan, et au pluriel Aschganian. Il est assez probable, et l'on voit par ce que Joseph en dit que les Palestins donnoient aux Rois Arsacides le nom déjà connu chez eux d'Aschkanaz, et voila pourquoi Joseph dit que Aschkanaz étoit ceux que les Grecs appelloient Rheginéens; mais comme Rhega étoit la même ville qu'Arasakia, il en resulte que Flavien a voulu dire par Rheginéens, Arsacides.

Observez que les Parthes étoient un ancien peuple d'origine Mede, mentionné par Hérodote longtems avant qu'il fut question de leur empire. Mais les Scythes-Parthes étoient ces mêmes Saces-Nomades qui occupent encore aujourd'hui un certain desert entre le Chorassan et le Kuhestan, mais par leurs moeurs

et leur armure ils se rapprochoient des Sarmates et par conse-
quent des Massagetes peres des Sarmates et anciens voisins du
Chorassan. Ces Scythes composerent la premiere force d'Ar-
sace, gouverneur de la Parthie sous les successeurs d'Alexandre, d'ailleurs, homme obscur probablement originaire de Rhega
ou Arsakia.

De ce mélange d'un Mede d'Arsakia, gouverneur de la
Parthie, et chef des Scythes est résultée la confusion qui a embarrassé nombre de savants. Mais il est sûr que la Dynastie
des Arsacides est appellée Aschganians dans les auteurs Persans, et que c'est les Arsacides que Flavien a eu en vue lorsqu'il a expliqué Aschkanaz par Reginéens. Mais d'où le nom
d'Aschganian est venu aux Arsacides c'est ce que nous ne sommes point en état de dire. Trogue Pompée ou Justin son abré-
viateur disent que dans la langue des Scythes, Parthi veut-
dire des exilés, ma's cette Etymologie est frivole, la Parthie
était une province de Perse, et ce ne furent point les habitants de la Parthie qui devinrent ensuite une nation illustre
c'étoit une poignée de Scythes qui commandoit à des milliers
d'esclaves étrangers qui composoient l'armée des Parthes et s'as-
socioient tous à la gloire du nom Parthe. Les Mamelouks et
les Algériens nous peuvent donner des idées assez justes sur
cette sorte de gouvernement. Pour moi il me suffira d'avoir
expliqué ce que Flavien Joseph entendoit par ses Aschkanaz
Rheginéens.

CHAPITRE XI.

Origines Armeniennes.

On a pu voir dans le chapitre précédent que sans compter les derniers Phrygiens qui étoient Thraces, il y avoit eu dans la plus haute antiquité deux espèces de Phrygiens, les Phrygiens Mysiens ou Ascaniens et les Phrygiens proprement dits:

1. Ces Phrygiens proprement dits étoient appellés Thogarma par les orientaux selon Flavien Joseph.

2. Maribas de Catina, ou plutôt son volume Chaldéen, dit que Thogormus étoit pere de Haïc le chef des Armeniens.

3. Hérodote dit que les Arméniens étoient une colonie de Phrygiens.

4. Ces témoignages sont en petit nombre, mais ils s'accordent entr'eux et ne sont contredits par aucun autre. Je crois donc que l'on peut regarder les Phrygiens Thogarma, comme les ancêtres des Arméniens. Maintenant j'en viens au volume Chaldéen dans lequel Maribas de Cathina et Moyse de Khorenne ont pris les plus pretieux fragments, que nous ayons sur la haute antiquité. Je dis les plus prétieux, et je n'en n'excepte que le peu qui nous en reste dans les écrivains sacrés.

5. Texte du volume Chaldéen.

Ce volume a été traduit du Chaldéen en Grec, par l'ordre d'Alexandre, il renferme l'histoire véritable des anciens, elle commence à Zervan, Titan, et Japethost. Tous les hommes célèbres qui sont nés de ceux-ci y sont marqués pour beaucoup d'années.

6. Texte de Moyse de Khorene.

C'est de ce volume que Maribas de Katina a fidélement extrait ce qui a rapport à nôtre histoire, et il rapporta son ouvrage écrit en Grec et en Syriaque. Il l'apporta à Nisibis et le mit au Roi Valarsace — Valarsace cet homme si beau, et qui tiroit si bien de l'arc, si éloquent et si prudent, Valarsace dis - je considéra cet ouvrage comme un véritable thresor, il ordonna qu'il fut gardé avec soin dans son palais, et il en fit graver une partie sur une colonne, tel est l'ouvrage qui merite nôtre confiance, et puisque vous le désirez. Nous en tirerons l'histoire de nos souverains jusques à *Sardanapale le Chaldéen*, et même plus loin, et voici le commencement de cette narration.

COMMENTAIRE.

Si l'auteur du volume Chaldéen eut été chretien, il eut commencé son histoire par Sem, Cham et Japhet, et non point par Zervan, Titan et Japhet; ainsi dès son début, il nous donne une preuve très certaine de son authenticité. Zervan est encore aujourd'hui adoré par une secte de Guebres. Moyse de Khorene son commentateur inspire également la confiance. Valarsace „cet homme si beau rappelle l'inscription que Darius fit mettre sur le fleuve Thearus et dans la quelle il se qualifie aussi du plus beau de tous les hommes.

7. Suite du volume Chaldéen.

Ils étoient grands ces premiers d'entre les Dieux, à qui nous devons tous les biens, le commencement du monde et la multiplication des hommes: séparée de ceux - ci s'est trouvée la race des Skaï ou Géants. Ceux - ci étoient robustes et d'une haute stature et facheux par leur arrogance. Ils conçurent le dessein impie de construire une tour, et ils en étoient occupés lorsqu'un vent horrible exerté par le courroux des Dieux renversa cette masse immense, et repandit parmis les hommes des paroles inconnues ce qui occasiona le tumulte et la confusion. Un de ceux-la étoit Haïc enfant de Japhet chef vaillant et celebre habile à lancer les Javelots et à tirer de l'arc.

8. Suite de Moyse de Khorene.

Laissons reposer ce récit puisque nous ne voulons pas écrire une histoire universelle mais seulement extraire ce qui a rapport à nos origines, nous tirerons de ce volume Japethost, Merod, Sirath, Thaclat, qui sont Japhet, Gomer, Thiras, Thogormus, après lesquels nôtre historien met Haïc, Armenac, et les autres dans l'ordre que l'on a vu plus haut, mais voici encore ce qu'il dit de Haïc.

COMMENTAIRE.

Le mot de Skaï ou Géant est le même que celui de Kaï chez les Persans d'où est venu le surnom de la Dynastie des Kaïanides.

9. Suite du volume Chaldéen.

Haïc étoit beau, sa chevelure étoit admirable, ses yeux perçants et gais, ses bras puissants, il étoit de beaucoup le plus considérable des Géants. C'est pourquoi il s'opposa toujours à ceux d'entre les Géants, qui vouloient eux seuls commander à tous les autres, et même à la race des Dieux. Mais sur tout il excita une révolte contre la violente impétuosité de Bélus: car tandis que le genre humain se repandoit sur toute la terre, Bélus se tenoit au milieu des Géants les plus puissants, mais ceux - ci agités de la fureur du commandement s'acharnoient les uns contre les autres, mais Bélus fut plus heureux que les autres et regna par la force sur presque toute la terre. Haïk seul ne vouloit pas lui obéir. Après avoir eu à Babylone un fils appellé Armenac. Il alla vers le septentrion dans la terre d'Ararath, avec ses fils, ses filles et ses neveux hommes forts au nombre de trois cents avec des serviteurs et des étrangers. Enfin avec tous les siens, il s'établit au pied d'une haute montagne dans une plaine où habitoient quelques hommes *de ceux qui s'étoient dispersé auparavant.* Haïc

en fit ses sujets et bâtit un domicile et le donna à Cadmus
fils d'Armenac.

10. Suite de Moyse de Khorene.

Ceci confirme pleinement l'ancienne tradition non écrite
que nous avons là-dessus mais continuons à suivre nôtre
historien.

COMMENTAIRE.

Les mots soulignés dans le texte Chaldéen paroissent être de
Moyse de Khorene, qui étoit chrétien et vouloit faire descendre
tous les hommes de Noé. Mais on verra plus loin que ce n'étoit
point l'opinion de l'auteur Chaldéen, et que l'Arménien s'en étonne
sans oser le condamner, d'autant que les traditions Chaldéennes étoient
en cela conformes aux Arméniennes comme on le verra plus loin.
Eusebe parle d'une expédition de Cadmus en Arménie, mais il paroît confondre ce Cadmus avec le frere d'Europe en quoi il a tort.
Au reste plusieurs hommes ont pu porter le nom de Cadmus qui
dans les langues orientales ne veut-dire *qu'un homme de l'Orient.*

11. Suite du Volume Chaldéen.

Ensuite Haïc s'avança entre l'Occident et le septentrion
et s'établit dans une certaine plaine élevée qu'il appella Harchia, parceque c'est là où habitoit la race de Thogormus, il
bâtit aussi un bourg qu'il appella de son nom Haïcassenia.

12. Les Histoires du midi parlent de cette plaine, située
près d'une montagne qui s'étend au loin: *le peu d'hommes qui
y habitoient* obéirent volontiers à la race des Dieux, et ceci
confirme encore les traditions non-écrites dont j'ai parlé plus
haut. Nôtre historien continue en ces termes.

COMMENTAIRE.

Ce *peu d'hommes* antérieurs à l'arrivée de la race Japhétique paroissent lui avoir donné leur langue. Mais les Albaniens aujourd'hui
Aguans, ont conservé la langue Japhétique des Conquérants.

13. Texte du volume Chaldéen.

Bélus le Titanide occupé à étendre partout son empire envoya vers le septentrion un de ses fils avec quelques compagnons fidèles et il fit dire à Haïc: „Tu as long tems habité „entre les glaces et les frimats. Réchauffe toi, fais fondre les „glaces de ta superbe, obeïs moi et vis tranquillement dans le „lieu de ma domination qu'il te plaira de choisir." Haïc répondit avec hauteur aux envoyés de Bélus et ceux-ci rétournerent à Babylone.

COMMENTAIRE.

Ici l'auteur décrit en termes poëtiques la guerre de Bélus contre Haïc après quoi il continue en ces termes.

14. Texte Chaldéen.

Les Géants combatirent des deux cotés avec une égale fureur. Beaucoup étoient renversés et le succès restoit douteux. Alors Bélus remonta sur la colline pour attendre que toute son armée put se ressembler. Mais Haïc cet excellent archer s'avança vers lui, et lui tira une flèche qui perça le triple érain dont sa poitrine étoit couverte. L'insolent Titanide rendit l'ame et sa cohorte effrayée, se dissipa en peu de tems. Haïc fonda sur le champ de bataille un bourg qu'il appella Haïchia. Cette contrée s'appelle encor aujoud'hui la vallée des Haïcaniens ou Hajots - Zor. La colline où combatit - Haïc il l'appella Gérez Manch ou les sepulchres (et ce lieu s'appelle encore ainsi); Haïc fit oindre de baume le corps de Bélus et le fit porter à Harchia où il le fit enteprer dans un lieu élevé à la vue des femmes et des enfans (c'est de Haïc que nôtre pays s'appelle Haïchia.)

COMMENTAIRE.

Je mets en parenthèse les passages qui me paroissent être de Moyse de Khorene, mais qui pourroient aussi être attribués à Maribas de Katina.

15. Texte Chaldéen.

Haïc donna beaucoup de biens et de butin à Cadmus . . . . mais il désigna Arménac pour son successeur et mourut peu après.

Arménac laissa dans la Haïchie ses frères Chorus et Manavazus mais son fils Bazus alla dans les parties qui regardent le couchant et le septentrion sur le bord d'un lac salé auquel il donna son nom ainsi qu'à la province.

16. Texte de Moyse de Khorene.

On dit que d'eux sont venues les familles Manavazia et Beznunia qui se sont détruites mutuellement du tems de St. Tiridate, mais Chorus s'est établi vers le septentrion où il a bâti des bourgs et eut beaucoup d'enfants, et c'est de-là que vient dit-on la grande perfecture de la famille Chorchorunia qui est si illustre et puissante, jusques au jour d'aujourd'hui.

COMMENTAIRE.

Rien de plus reculé que les antiquités du Caucase, et rien de mieux constaté que leurs généalogies, aucune famille de l'Europe ne remonte jusques au tems où écrivoit Moyse de Khorene et son ouvrage est dedié à un Bagration et dans sa dédicace il lui dit: „Ne croyez point les flatteurs qui vous diront que vous descendez „de Haïc. Vous descendez de Sambat Contemporain de Nabucho- „donozor — Moyse de Khorene cite en cet endroit Maribas de Katina ou son volume Chaldéen peu après les tems de nôtre auteur la maison de Bagration fut revetue de la dignité de Curopalate, et les deux branches de cette famille mentionnées par Constantin Porphyrogenète subsistent encore, ainsi il ne se peut rien de mieux constaté.

17 Texte Chaldéen.

Cependant Arménac s'avançant entre l'Orient et le Septentrion, arriva dans une vallée profonde, formant une plaine entourée de hautes montagnes. Là des fleuves venant de l'occident, tomboient avec grand fracas, mais lorsqu'ils entroient dans la plaine vers l'orient ils s'unissoient à des ruisseaux et a des sources, et couloient ensemble comme des jeunes gens qui courent dans la plaine avec des jeunes filles, mais le mont qui étoit au midi, élevoit son sommet couvert de neige, et sembloit un vieux mont au milieu de jeunes collines (il falloit trois jours pour en faire le tour comme l'a dit un des nôtres). Tandis qu'Armenac habitoit cette plaine, il fit bâtir quelques maisons au nord de la montagne, il appelloit ce lieu les Racines d'Argazus. Parce qu'il avoit donné à la montagne le nom de son cher Argazus.

18. Texte de Moyse de Khorene.

Ce qui me surprend beaucoup, c'est que nôtre historien dit qu'il y avoit quelques hommes répandus dans ces contrées, avant l'arrivée de Haïc nôtre grand progéniteur.

COMMENTAIRE.

Les Chaldéens ne regardoient point le deluge comme universel, mais seulement comme une inondation particuliere au pays de Babylone. Ses anciens habitants que l'auteur Chaldéen met en Arménie avant l'arrivée des Haïcaniens, c'étoient les Phrygiens Thogarma dont la langue fait le fond de l'Arménien d'aujourd'hui. Tandis que les Afgans peuples freres des Arméniens ont pris la langue Japhétique des Haïcaniens.

19. Volume Chaldéen.

Ce fut en ce lieu, que quelques années après, Armenac eut un fils qu'il appella Armeïs, et bien des années après Armenac mourut.

Armeïs fit bâtir une maison sur une certaine colline près du fleuve et il donna à ce lieu le nom de son cher Amavir, mais il donna au fleuve le nom d'Erasch à cause d'Eraste son neveu. Quand à son fils Sarcus qui avoit déjà beaucoup d'enfants, et qui lui même mangeoit beaucoup, il l'envoya dans une campagne très fertile arrosée par diverses eaux qui viennent de ce mont septentrional qu'on appelle Aragazus, et c'est de Sareus que cette province a pris le nom de Siracie.

20. Texte de Moyse de Khorene.

Ceci paroît confirmer le proverbe de nos paysans qui disent „Si vous avalez comme Sareus sachez que nos gréniers „ne sont pas des Siracies.‘‘

COMMENTAIRE.

De pareils proverbes sont des preuves historiques; on en trouve plusieurs dans la Bible, dont le plus ancien regarde Nimbrod. On trouve aussi des proverbes très précieux dans Nestor le Pere de l'histoire Russe.

21. Texte du volume Chaldéen.

Armeïs étant déjà assez avancé en âge eut un fils qu'il appella Amasias, puis il vecut encore quelque années et enfin il mourut.

Amasias demeurant à Armavir eut un fils appellé Gélamias, puis un autre appellé Pharosius le vaillant, enfin un troisième appellé Solacius . . . Ensuite il retourna à Armavir et y mourut au bout de quelques années.

Gélamius demeura à Armavir, et eut un fils appellé Harma qu'il laissa à Armavir avec ses enfants (il y a ici une grande lacune.)

22. Texte de Moyse de Khorene.

Un ouvrage entrepris par vos ordres nous apporte plus de plaisir que d'autres n'en trouvent à des festins et à des grands diners. C'est pourquoi nous reviendrons au fil de nôtre

histoire, et nous dirons par ordre et en peu de mots les guerres entreprises par Aram le Haïcanien.

COMMENTAIRE.

Cet Aram étoit fils de Harma. Tout le compliment s'adresse encore à Isaac Bagration.

23. Suite du volume Chaldéen.

Aram fut (dit nôtre historien), un homme infatigable
lorsqu'il s'agissoit de servir la patrie. C'est pourquoi il s'ex-
posa volontiers à la mort plutôt que de souffrir, que des étrangers vinssent molester ses concitoyens, ou les soumettre à leur
empire, cependant c'étoit là ce que se promettoient les nations
voisines, qui vinrent de tous côtés attaquer les états d'Aram
quelques années avant que Ninus se fut emparé de l'Assyrie
et de Ninive. Mais Aram rassembla des hommes vaillants, et
exercés au nombre d'environs cinquante mille. Ainsi accompagné il sortit des frontieres de l'Arménie, et alla à la rencontre
d'un certain Nichar surnommé Madés qui commandoit la jeunesse des Mares Selon nôtre historien ce Madés étoit un guerrier
orgueilleux qui faisoit des incursions à la maniere des Cuschites;
et pendant deux ans les Arméniens lui avoient été soumis.
Aram l'attaqua à l'improviste avant le lever du soleil et mit
toute son armée en fuite. Nichar Madés fut pris et conduit à
Armavir. Là Aram le fit clouer au sommet d'une tour par un
clou enfoncé dans le front et tous les passants pouvoient le
voir. De plus Aram fit la conquete de tout le pays, jusques
au mont appellé Zariaspus, ce qui dura jusques à ce que Ninus monta sur le thrône et regna sur l'Assyrie et Ninive.

COMMENTAIRE:

Tout ceci est d'une grande importance historique. Mares est le
nom que la Bible Arménienne donne aux Mèdes. Aujourd'hui les
Arméniens le donnent, à plusieurs peuplades Kurdes, les mêmes
sans doute qui le portoient déjà du tems d'Hérodote.

Le Madai de la Génèse n'est autre que le Nichar Madés, et le Médus des Grècs, mais ceux-ci qui rapportoient tout à leur Mythologie en avoient fait un fils de Médée.

Aram après avoir vaincu les Médes, s'empare de tout le pays jusques à Zariaspa qui est la même que Bactres selon Strabon et le pays qui est entre l'Arménie et la Bactriane est précisement la Medie. Hérodote dit que les Médes s'étoient autrefois appellés Arianiens. Ils s'appellent encor aujourd'hui Iranian et leur pays Iran.

24. Suite du volume Chaldéen.

Cependant Ninus regnant déjà à Ninive, n'oublioit pas ce que la renommée avoit publié de son antécesseur Bélus. Il voulut venger sa mort et détruire les déscendants de Haïc Mais n'étant point sûr dans son propre Royaume, il suspendoit encore les effets de sa haine. Il permit à Aram de regner, de ceindre un Diademe brodé de perles et de s'appeller le second après lui. Aram ayant fini la guerre avec les peuples de l'órient entra en Assyrie, pour y chercher un certain Barsamus de la race des Géants. Ce Barsamus avoit quarante mille hommes de pied et quinze mille à cheval avec les quels il avoit pillé l'Arménie et lui avoit imposé un tribut. L'armée de Barsamus fut dispersée dans les campagnes Cordyennes de l'Assyrie et Barsamus lui-même perit dans cette bataille.

25. Texte Moyse de Khorene.

C'est le même Barsamus, que les Syriens ont longtems adoré et il l'avoient mis au nombre des Dieux à cause des guerres glorieuses qu'il avoit faites.

COMMENTAIRE.

Barsam est réellement un nom Syrien qui veut dire fils de Sem. Diodore de Sicile en fait un Roi d'Arménie, mais il faut entendre par-là les Arméniens-Syriens que Flavien Joseph fait descendre d'Ouz.

26. Texte de Diodore.

Ninus conduisit ses troupes dans l'Arménie, et ayant renversé quelques villes, il fit trembler toutes les autres. Barsames Roi d'Armenie, voyant qu'il n'étoit point en état de tenir tête à son ennemi vint au devant de lui chargé de présents et se soumit à toutes ses volontés. Ninus usa généreusemens de ses avantages il rendit à Barsames ses états, et le recevant au nombre de ses alliés il n'exigea de lui, que de lui envoyer des troupes et des munitions.

27. Suite du volume Chaldéen.

Aram tint long-tems sous sa puissance une partie de l'Assyrie et lui fit payer tribut. Mais il est tems d'en venir à la guerre qu'il fait aux Titanides de l'occident. Il s'avança donc vers l'occident à la tête de quarante mille fantassins, et de deux mille cavaliers, et vint en Cappadoce, là où à present il y a une ville que l'on appelle Césarée. Aram avoit confié l'Orient aux descendants de Sisac, et l'Assyrie ceux de Cadmus. N'ayant donc rien à craindre de ce côté, il se proposa de rester long-tems dans l'occident. Pendant qu'il y séjournoit il fut attaqué par Papus le Chalide de la famille de Titanus, qui regnoit par la force sur cette partie de la terre qui est entre l'océan et la mer du Pont. Aram le mit en fuite, et l'obligea à se retirer dans une isle de la mer d'Asie.

COMMENTAIRE.

Cette isle est celle de Crete, et Papus est un des noms de Jupiter; les Princes de cette race ont effectivement regné non pas entre l'océan et la mer du Pont, mais entre cette mer et la méditérranée sur l'Olympe Asiatique. Ils descendoient selon Etienne de Bysance, d'un certain Akmon de la famille des Saques venu d'Arménie en Capadoce. Langlet du Frenoy met cette migration à l'an 2040. Papus le Chalide veut dire apparemment descendant ou fils de Chalus; Chalaus ou Chéalus Il devoit être oncle ou cousin de Ninus et petit fils d'Arbélus dont il est parlé dans Strabon.

Les descendants de Sisac sont les Albaniens que les Arméniens écrivent Aluaniens, mais qu'ils prononcent Aghuaniens, comme ils prononcent Lucas *Ghucas*, Salomon *Saghomon*, Tephlis *Tephghis* etc. On peut consulter là - dessus l'euvre posthume du voyageur Reinigs, et ce qu'il dit n'est pas douteux, il y a encore dans le Schirvan un Patriarche Arménien indépendant de celui d'Ararat qui prend le titre de Patriarche d'Albanie. On ne savoit pas ce qu'é- toient devenus les Albaniens vaincus par Pompée, mais la chose n'est plus douteuse, ils ont passé à l'Occident de la Perse où ils ont fondé une puissante monarchie sous le nom d'Aguans, que l'on pro- nonce aussi Afgan. Leur langue est un dialecte Méde, et proba- blement l'ancien dialecte Haïcanien, avant la conquete des Phrygiens Thogarma Il y a aussi dans le Schirvan un ancien Dialecte *Tat* (c'est - à - dire Méde) qui n'est plus parlé que par les Arméniens et les Juifs de cette province, car les Musulmans parlent tous un dia- lecte *Turki*; le dialecte Tat a des rapports avec l'Afgan.

29. Suite du volume Chaldéen.

Puis Aramus retourna en Arménie, après avoir laissé dans le pays, dix mille Soldats commandés par un homme de sa race appellé Méssac; avant de partir il ordonna aux habitants d'apprendre nôtre langue Haïcane, et voila pourquoi les Grecs appellent ce pays premiere Arménie. Cependant les anciens habitants qui ne prononçoient pas bien nôtre langue, appellè- rent Mazaca le bourg fondé par Messac.

30. Texte de Moyse de Khorene.

Alors ce bourg étoit ceint de foibles murailles mais ayant ensuite été augmenté et rebâti il fut appellé Césaréa. Entre cette ville et l'Arménie, on plaça des habitants dans les terres désertes et ces contrées furent appellées, seconde, troi- sieme, et quatrieme Arménie, et voila la véritable raison pour laquelle les Grecs ont donné les noms de prémiere, séconde, troi- sieme Arménie, à cette partie de nôtre pays qui est à l'occi- dent. Quelques Grecs racontent la chose différemment et j'en suis faché, mais chacun peut en croire ce qu'il voudra.

COMMENTAIRE.

Ces Arméniens de Messech sont précisément les Mossoch de la Génese, mais lorsqu'ensuite les Capadociens s'emparerent de Mazaca, Mossoch ne voulut plus dire Arménien mais Capadocien, comme on le trouve dans Flavien Joseph.

Les Arméniens cha sés de Capadoce furent encore long tems connus dans le Caucase sous les noms de Mosches Hor Mosques et Armeno - Mosques.

31. Suite du volume Chaldéen.

Or donc Aram s'étant couvert de gloire, et étant respecté de toutes les nations voisines, elle donnerent son nom à tout le pays.

32. Texte de Moyse de Khorene.

Si toutes ces choses ne se trouvent pas dans les livres des Rois, et dans les memoires des temples il ne faut pas pour cela qu'on doute de leur vérité premiérement il y en a qui sont antérieures au regne de Ninus, et arrivées dans des siecles où personne ne s'occupoit à écrire l'histoire. En second lieu comme il s'agissoit des Rois de nations étrangeres et lointaines. Ceux qui écrivoient les histoires d'Assyrie ne s'en occupoient point. Maribas de Katina nous apprend, que bien que ces choses ne se trouvent point dans les Archives publiques, cependant on les trouve dans celles des Rois, récueillies par des hommes, dont on ne sait pas le nom. Il en dit aussi d'autres raisons, comme par exemple l'orgueil de Ninus, qui voulant être la seule source de grandeur, de bonté et de gloire, avoit fait bruler tous les livres, où il étoit traité des belles actions des autres, nous ne parlerons point toutes ces choses.

Conclusion.

On craint de s'égarer avec un auteur aussi ancien que Maribas de Catina, qui traduit un volume Chaldéen bien plus ancien encore, cependant en réunissant à son témoignage ceux d'Hérodote, de Flavien, et quelques autres, on peut en con-clure, que les Arméniens étoient déjà réunis en corps de nation, lors des plus anciennes revolutions politiques. Il paroît qu'a-lors les Arméniens ont parlé une langue Japhétique, dont quel-ques restes subsistent encore dans la langue des Afgans et dont le dialecte Tat ﺪﮯ Schirvan.

Mais la branche principale des Arméniens doit avoir adop-té la langue des habitants des montagnes qu'ils ont occupées sous le regne de Haïc et de ses successeurs, cependant cette lan-gue fut long-tems celle du peuple. Les lettrés et la cour ne se servoient que du Syriaque, et ce n'est qu'au tems du Chri-stianisme que les Arméniens ont commencé à écrire leur langue.

CHAPITRE XII.

Commentaire sur le dixième chapitre de la Génese.

On a vu que tous les peuples de mes quatre premieres classes avoient été mentionnés dans le dixième chapitre de la Génese et qu'il n'y étoit fait au contraire nulle mention des autres, et c'est précisement en quoi consiste la principale dif-férence entre l'histoire primitive prophane et l'histoire primi-tive sacrée, la premiére dit qu'après la grande inondation, il n'est resté des hommes que dans quelques pays de montagnes, l'histoire sacrée réduit le genre humain à une seule famille, ce seul point excepté, l'histoire prophane est non seulement d'ac-cord avec l'histoire sacrée, mais elle lui doit ses principaux eclaircissements.

1. Texte Hébreu.

Et voici les générations des fils de Noah, Sem, Cham, et Japhet et ceux-ci ont eu des fils après le déluge.

Texte de Flavien Joseph.

Les enfants de Noé ont eu des fils et en leur honneur, les hommes ont donné des noms aux nations.

COMMENTAIRE.

Ceci est arrivé depuis, et arrive encore pour ainsi dire de nos jours. Le Royaume de Maroc est appellé dans tout le Levant Belad al Muley Ismaël Contemporain de Louis XIV. Les Nogaïs ont reçu leur nom de Noga qui vivoit dans le quatorzième siecle. Les Ouz-beg ont été nommés ainsi du Prince Ouz-beg, le mont Balkan ci-devant Hemus a pris son nom d'un fameux brigand de la contrée Slave d'Origine.

2. Texte de la Génese.

Les enfants de Japhet ont été Comer et Magog et Madai et Jovan et Thobel, et Mossoch et Thiras.

Texte de Flavien Joseph.

Japhet a eu sept fils, qui ont possedé le pays, depuis les monts Taurus et Amanus où ils ont commencé, et d'où ils se sont avancés en Asie, jusqu'au fleuve Tanaïs, et en Europe jusques à Cadix; ils s'établissoient dans les coutrées, que le hasard leur offroit et que personne n'avoit habité avant eux, et ils donnoient leurs noms chacun à sa nation.

COMMENTAIRE.

L'histoire profane n'est point ici d'accord avec celle des Juifs. On y voit bien que les Celtes et les Celtiberes, étoient un peuple étranger à l'Espagne et Japhétique, mais on les distingue d'autant plus aisement des Turdules, et autres indigenes qui avoient des poësies, de six mille ans d'antiquité. L'histoire Arménienne parle de peuples anterieurs, à l'arrivée des Haïs enfants de Japhet.

L'Italie avoit ses Sicaniens. En un mot les anciens peuples s'étoient conservés dans les pays de montagne , et ils y étoient lors de l'arrivée de familles Japhétiques.

Quand à Japhet il a été mentionné par Hésiode qui surement n'avoit lu aucun livre Hébreu, et ce qu'il y a de remarquable c'est que les Hébreux et les Grecs n'ont connu que le nom de Japhet sans lui attribuer aucun fait ni geste , mais les uns et les autres ont eu beaucoup à dire sur les enfants de Japhet.

Japhet en Hébreu veut dire le dilaté, l'étendu, ou la dilatation.

Les enfants de la dilatation, se sont erendus depuis les sources du Gange jusques à Cadix , et aujourd'hui encore les langues des deux pays ont des rapports marqués. Ainsi qu'on peut le voir par les numériques cités dans mon prémier chapitre.

Au reste ces noms de Japhet, Titan, Atlas, Zervan , Betylus, Saturne , Jupiter, se trouvent dans l'histoire de presque tous les anciens peuples.

Suite du Texte.

Les enfants de Comer ont été Aschkanaz, Riphat, et Thogarma , et les enfants de Jovan, Elissa, et Tharsis, Kithim, et Dodanim ; ceux-ci ont peuplé les isles des nations dans leurs terres, chacun selon sa langue dans sa tribu et sa peuplade.

Texte de Flavien Joseph.

Ce que les Grecs appellent aujourd'hui Galates ont été autrefois appellés Gomaréens, parce que Gomarus les a fondés.

COMMENTAIRE.

Flavien Joseph disoit simplement aux Grecs, ceux que vous appellez ainsi, nous les appellons d'une autre maniere. D'après leur ancien nom, et c'est la coutume des Orientaux de ne point changer les noms des peuples. Ils appellent encore aujourd'hui les Hollandois Filemeuk , les Polonois Lehli , les Hongrois Madgiares, tous les Européens Francs. Ainsi les Orientaux continuent à donner aux nations leurs anciens noms tandis que les Grecs leur en donnoient de nouveaux. Nous même nous donnons aux Chinois, aux Peguans et à d'autres peuples d'Asie des noms qui ne sont plus en usage chez eux.

Suite du Texte de Flavien.

Magoges fut le chef de la colonie des Magogs que les Grecs appellent Scythes.

COMMENTAIRE.

Les Magogs des orientaux étoient les Majotai des Grecs, les Méotes des Latins, appellés dans la suite Sarmates. Voyez mon chapitre V.

Suite du Texte de Flavien.

Mades a été le chef des Madéens que les Grecs appellent Medes.

COMMENTAIRE.

Le plus ancien nom que nous connoissons aux Medes est celui de Mar que leur donne la Bible Arménienne et qui est encore celui d'une peuplade Kurde déjà mentionnée sous ce nom par Hérodote. Il paroît que les Mares durent le nom de Medes, à un certain Nichor Mades antérieur à Ninus dont les Grecs ont fait leur Médus fils de Medée. Hérodote dit que le véritable nom des Medes étoit Arianiens, ce nom subsiste encore dans celui d'Iranian, que prennent presque tous les Persans, sous la faction des Kedjar actuellement regnante et qui veut dire habitants de l'Iram ou Medie. Tous les dialectes Medes ont beaucoup de rapport avec les langues d'Europe. Ce qui prouve la justesse de la classification adoptée par la Génèse. Mais la Gènése s'éloigne de l'histoire prophane en ce qu'elle fait des enfants de Noé, de tous les fondateurs de nations tels que Javan qui est le même qu'Ion fils de Xuthus, Madai qui est le même que Nichor - Mades etc. etc.

Suite de Flavien.

De Jovan vient l'Jonie et tous les Hellénes.

COMMENTAIRE.

En Arabe le Grec literal s'appelle Junan (Jonien). Les Indiens appellent Alexandre Javana - Rajah, et un mot la Génèse a adopté les denominations usitées dans tout l'orient.

Suite de Flavien.

Thobelus a établi les Thobeles qui de nos jours sont appellés Ibériens.

COMMENTAIRE.

Ce sont les Géorgiens dont la capitale appellée aujourd'hui Te-flis, est appellé Teblis par tous les anciens Géographes.

Suite de Flavien.

Les Mossochenes ont été fondés par Mossoch, aujourd'hui on les appelle Capadociens; on trouve encore chez eux un indice de cet ancien nom dans celui de la ville de Mazaca et ceux qui connoissent les antiquités de ce pays savent que toute la contrée a été ainsi appellée.

COMMENTAIRE.

Les Mossoch de la Génèse ou prémiers habitants de Mazaca, ont été les Arméniens comme on l'a vu dans le chapitre précédent, retirés en suite dans les monts Moschiques, ensuite des Paphlagoniens sont venus dans le pays. Enfin les Scythes y ont transporté des Syriens-blancs qui ont été les vrais Kapadociens, Kaptiens selon Plutarque, Kaptourim de l'Ecriture.

Suite du Texte de Flavien.

Thiras a donné son nom aux Thires dont il fut Prince, les Grecs ont changé ce nom en celui de Thraces.

COMMENTAIRE.

Ce nom s'est conservé dans celui des Tyrigetes ou Getes du Thiras qui étoient Thraces et dont j'ai traité tout au long dans mon chapitre quatrieme. Notez qu'Hérodote écrit Threices qui se rapproche de Thires.

Suite de Flavien.

Voila ces nations qui ont commencé par les fils de Japhet.

COMMENTAIRE.

Toutes ces nations ont parlé et parlent encore des langues assez ressemblantes entre elles, ou du moins qui ont des rapports marqués dans les numériques et les racines. Ce n'est donc point une chimère que de ne faire qu'une classe des peuples Japhétiques.

Suite de Flavien.

Gomer a eu trois fils, des quels Aschkanaz a fondé les Aschkanaxites appellés par les Grecs Rhéginéens.

COMMENTAIRE.

Les Rabins semblent avoir raison de donner aux Allemands le nom d'Aschkanaz. Voyez mes Origines Phrygiennes.

Suite de Flavien.

Riphates a fondé les Riphatéens que l'on appelle Paphlagoniens.

COMMENTAIRE.

Ces Riphatéens ont été des Slaves comme je me suis efforcé de le prouver dans mon chapitre second.

Suite de Flavien.

Thygrame a fondé les Thygraméens, les Grecs ont jugé à propos de les appeller Phrygiens.

COMMENTAIRE.

Les Phrygiens de Moyse sont un reste de la premiere race de Phrygiens restés sous la domination des seconds Phrygiens ou Aschkaniens.

Suite de Flavien.

Jovan fils de Japhet a aussi eu trois fils, Elisa qui a donné son nom aux habitants de l'Elide, que l'on appelle aujourd'hui Eoliens? Tharsus qui a donné son nom aux Tharses. C'est ainsi que l'on appelloit autrefois les habitants de la Cilicie, ce que prouve même le nom de la ville de Tharse capitale de de cette province. Enfin le troisieme fils de Javan étoit Chetim, qui a occupé l'isle de Ketim que l'on appelle Chypre. Les Hébreux appellent aussi Kethim toutes les autres isles et beaucoup de lieux maritimes. C'est de-là que vient aussi le nom de Kition ville qui est dans l'isle de Chypre, et dont le nom bien que Grécisé ne differe pas beaucoup de celui de Khetim; voila les nations fondées par les fils de Jovan.

Sur quoi je ferai encore l'observation suivante, c'est que les Grecs déclinent les noms propres, d'après les regles de leur langue, et pensent ajouter par-là à l'harmonie du discours, chez nous au contraire le nom reste le même dans tous les cas, ainsi Noé est toujours Noé.

COMMENTAIRE.

La Génèse donne à Noé un enfant de plus, qui est Dodanim, c'est-à-dire les Dodonéens, ou Epirotes, aujourd'hui Albanois, qui ont leur langue propre mais Japhétique. Il est à remarquer que dans l'Albanois, d'aujourd'hui *Peleia*, veut dire *vieille femme*, comme dans l'ancienne langue de Dodone (voyez les Mém. de l'Académie des inscriptions.) Dois-je repeter ici que toutes les nations mentionnées par Joseph d'après la Génèse parlent encore des langues homogenes. On l'a vu pour le Slave et le Celtique et dans les numériques indiens rapprochés des Slaves. Je vais encore donner quelques échantillons de mots Européens qu'on retrouve dans les langues Medes.

Dieu	en Samskret	Diota		
Pere	- Persan	Peder		
Mere	- Persan	Mader		
Fils	- Ossete	Firt		
Fille	- Persan	Duhtar	en Allemand	Tochter
Frere	- Persan	Bradar	- Allemand.	Bruder
Seur	- Persan	Hovar	- Breton	Hour
Mari	- Persan	Mert		
Femme	- Persan-	Sen	- Slave	Zena
Fille	- Persan	Djoan	- Italien un	a Giovine
Enfant	- Pehlevi	Peandan	- Grec	Paidos
Sourcils	- Persan	Abroui	- Slave	Brovi
Oreilles	- Persan	Kusch	- Slave	Uschy
Front	- Aguan	Otschole	- Polonois	Tscholo
La Gorge	- Persan	Gulu		
Une dent	- Persan	Dundun		
Epaules	- Kurde	Bar	- Polonois	Barki
Ongles	- Ossete	Nihte	- Russe	Nogti
Pied	- Persan	Paï		

Genou	en Persan	Zanonu						
La peau	- Persan	Post						
Os	- Persan	Ostakan						
La voix	- Persan	Avas						
Le nom	- Persan	Nom						
La taille	- Osset	Res	en Slave	Rost				
La mort	- Persan	Merg	- Ossete	Mort				
Le froid	- Persan	Sirma	- Boheme	Sima				
Un rond	- Persan	Gird	- Italien	Giro				
Un globe	- Persan	Kurg	- Slave	Krug				
La lune	- Afgan	Miast	- Slave	Misatz				
Une étoile	- Persan	Stura	- Anglois	Stair	en Ossete	Stella	
Le vent	- Ossete	Vaad						
Le jour	- Bengale	Din	- Slave	Den				
Le soir	- Ossete	Sar						
L'hyver	- Ossete	Zimmek	- Slave	Zima				
L'année	- Ossete	Ans	- Latin	Annus				
La terre	- Persan	Zemin	- Slave	Ziemia				
Une riviere	- Persan	Rud	- Celte	Ru				
Un arbre	- Persan	Deraht	- Celte	Derew				
Un pieu	- Persan	Kayluh	- Slave	Kol				
Une mouche	- Persan	Mekes						
Une vache	- Persan	Goh	- Ossete	Kuh	en Allemand	Kue	
Un mouton	- Persan	Bar	- Slave	Baran				
Un chien	- Persan	Sok	- Talischan	Spec (en ancien Mede apud Hérodot Spaco, chien) en Slave Sobaka.				
Dis moi	en Ossete	Zagmenen	en Allemand	Zage mir				
Je dis	en Ossete	Oszagun						
La langue	- Ossete	Auzag	en Slave	Jazyg				
Une souris	- Persan	Myschen	- Allem.	Maus				
Une plume	- Kurde	Pere	- Slave	Pero				
Un oeuf	- Ossete	Ayko	- Slave	Jayko				
Une poule	- Ossete	Kark	- Russe	Kouriza				
Une oye	- Ossete	Kas	- Russe	Gus				
Porte	- Persan	Ter	- Allem.	Thure				
Cour	- Ossete	Duar	- Slave	Dwor				
Une hache	- Persan	Tabar	- Slave	Topor				
Jeune	- Persan	Jouani						
Bon	- Ossete	Hours	- Russe	Horosch				
Mal	- Persan	Bad	- Anglois	de même				
Manger	- Persan	Jest	- Slave	de même				

Toi	- Persan	Ty	- Slave	de même
Lui	- Persan	On	- Slave	de même
Nous	- Persan	Ma	- Slave	My
Vous	- Kourd	Eva	- Slave	Vy
Eux	- Persan	Onha	- Slave	Oni
Quoi	- Osete	Ozyio	- Slave	Czto
Non	- Persan	Na , Ney , Nies.		
Dessous	- Persan	Ender	en Allem.	Unter
Dieu	- Persan	Khoda	- Allem.	Gott
Ravager	- Persan	Roubuden	- Allem.	Rauben
Levres	- Persan	Leb	- Allem.	Lippen
Nouveau	- Persan	Nev	- Allem.	Neu
Joug	- Persan	Jugh.		

Enfin les numeriques 1. Jck , 2. Du , 3. Se, 4. Tschegar (en Slave Tschetyr , 5. Pantscha, (en Grec Pente) , 6. Ses , 7. Haphta (en Grec Hepta) 8. Hascht , 9. No , 10 Dok , 100 Siad.

Pour peu que l'on se soit amusé à comparer des langues, on voit ici des rapports moins nombreux que ceux qui existent entre les langues de l'Europe, mais néanmoins très évidents, donc en classant par langues, on a toutes les langues de l'Europe dans la même classe et de plus les langues Medes ce qui est la classification employée par la Génese.

Donc la Genese est un livre étincellant de vérité, un livre historique, le plus ancien et le meilleur que nous ayons, et bien plus instructif encore, sur les peuples de l'Asie et l'Afrique, que sur ceux de l'Europe , car les Juifs connoissoient leurs voisins par eux-mêmes et ne connoissoient les peuples de l'Europe que par les Pheniciens. Tout cela a déjà été dit par Bochart.

SECONDE PARTIE DU CHAPITRE DOUZIEME.

Ayant ainsi remonté dans l'histoire des peuples jusques aux prémieres mentions historiques, j'ai encore voulu coordonner à ma Chronologie, les deux déluges dont la Grece a conservé le souvenir et qui ont laissé des traces si visibles dans la Russie méridionale. Pour y mieux réussir, je me suis transporté en Crimée auprès de Mr. Pallas. Nous avons tout discuté ensemble, et si j'ose m'exprimer ainsi, nous avons collationné l'histoire des hommes avec celle de la nature. Voici le résultat de nôtre travail.

1. Les Grecs ont connu deux Deluges, celui d'Ogyges, et celui de Deucalion.

2. Mais lorsqu'après les conquetes d'Alexandre, les Grecs eurent fait une plus intime connoissance avec les Chaldéens, ils connurent un troisième Déluge plus ancien que les deux autres.

De là vient que le Déluge de Deucallion est raconté par Apollodore avec toutes les circonstances du Déluge de Babylone.

Ceux d'entre les Grecs qui ne confondirent point cet ancien Déluge avec un des deux autres lui donnerent les noms vagues, de grande inondation des terres (voyez Pline.) Déluge de Deucalion le Scythe (dans Lucien) Ancien Déluge Ogygien (dans Varron) Déluge de Babylone etc. observez qu'on cite ici les écrivains Romains aussi bien que les Grecs, qui étoient les sources où puisoient les Romains.

3. Les Grecs ayant confondu le Déluge de Babylone avec celui d'Ogyges, ont attribué à celui-ci des circonstances qui ne convenoient qu'au prémier.

4. Par exemple ils ont dit qu'au Déluge d'Ogyges une étoile avoit changé dans sa grandeur sa couleur et son mouvement. Mais une pareille observation vraye ou fausse ne pouvoit avoir été faite que par des Astronomes, les Astronomes étoient à Babylone, il s'agit donc là du Déluge de Babylone, Castor apud Varronem qui apud St. Augustinum l. 21. c. 8. Adraste de Cyzique, Dion de Naples apud eundem.

5. Par exemple ils ont dit que la Béotie avoit été déserte pendant les deux siecles qui ont suivi le Déluge d'Ogyges. Mais il s'agit encore ici du Déluge de Babylone. Ce Déluge que j'appellerai Alluvion australe pour des raisons que l'on verra ci-dessous, ce Déluge dis-je a lavé les plaines de l'Europe, qui n'ont été repeuplées que lorsque les peuples Japhétiques furent chassés de l'Asie par les Scythes du Turquestan, et se furent retiré vers l'occident. Voyez Syncelle, Acusilaus apud Eusebium.

6. Voici donc trois inondations dont la mémoire s'est conservée parmis les hommes: le Déluge de Babylone, ou alluvion australe, le Déluge d'Ogyges, et le Déluge de Deucallion, mais les Physiciens ont aussi reconnu trois Déluges.

7. Mr. Pallas voyageant au nord de la mer Caspienne y reconnut d'une maniere indubitable le tour de son ancien bassin, il marchoit d'ailleurs sur son ancien lit devenu une plaine salée, un sable mélé de coquilles marines bien conservées, et suivant ces indications, jusques au Bosphore Cimérien, il vit que le détroit avoit été ouvert par un affaissement du terrain produit par les éruptions boueuses qui bouleversent encore toute cette contrée. On sent bien que cette mer Caspienne se dégorgeant tout-à-coup dans la mer Noire fermée alors comme un lac dut en élever considérablement les eaux. Voici ce qu'en dit Diodore de Sicile.

„On dit que la mer du Pont, autrefois fermée comme un „lac fut alors tellement grossie par les eaux des fleuves qui s'y „jettent, qu'elle s'éléva impétueusement par-dessus ses rivages, „et répandit sur les campagnes de l'Asie, les eaux qui forment „aujourd'hui la Propontide, on ajoute qu'une grande partie de „la Samothrace, en fut aussi submergée; de telle sorte que „long tems après, les pêcheurs tiroient encore dans leurs filets „des chapitaux de colonnes, qui marquoient que cette mer cou-

„vroit des ruines de villes. Les lieux les plus élevés de l'isle,
„servirent seuls de refuge contre ce débordement. Mais la
„mer montant toujours les insulaires eurent recours aux Dieux
„et ayant obtenu d'eux leur salut, il marquerent les bords de
„l'inondation et y dresserent plusieurs autels, sur les quels ils
„sacrifient encore aujourd'hui. — Diodore de Sicile dit que la
mer s'éleva par-dessus les rivages et non pas qu'elle s'y fit
jour. Ainsi il est à croire, qu'elle est encore restée fermée,
et que lorsque elle s'est ouverte il a du y avoir un second déluge, le prémier Déluge occasionné pas la rupture du Bosphore Cimmérien répondroit donc au Déluge d'Ogyges en l'année
1020 avant la premiere Olympiade et la mer Noire restant encore fermée, et ses eaux plus hautes, la Tauride étoit une isle:
aussi Pline dit-il *Taurica quondam mari circumfusa* l. 3. c 12.
La tradition de ce tems où les eaux étoient si hautes et des
marques assez évidentes de leur séjour récent subsistent encore
dans en vallée de Bakche Saraï.

8. Le Déluge de Deucallion eut lieu environs deux
siecles plus tard, et son époque est bien connue tant par les
marbres que par d'autres monuments. Or comme il est probable que la mer Noire étoit encore restée fermée aprés le Déluge
d'Ogyges, et comme c'est une tradition constante que les roches
Cyanées ou Symplegades (qui sont à l'entrée de la mer Noire)
s'étoient ébranlées sur leurs bases, n'est-il pas permis de rapprocher tous ces événements du Déluge de Deucallion, et de dire
qu'il a été causé par l'irruption de la mer Noire à travers les
roches Cyanées. Tournefort a suivi très exactement l'ancien
lit de la mer Noire, ainsi l'on peut dire que l'histoire des hommes est d'accord avec celle de la nature au sujet des deux Déluges de la Grece. Voyez sur les Symplégades Diod. Sicul. loco
citato. — Hérodote l. 4. 85. — Appollonius l. 2. — Pline l. VI. c. 1e.
— Ammien Marcellin.

9. Venons à l'ancien Déluge ou alluvion australe. Déjà en l'année 1742, des Cosaks employés par le vieux Gmelin, lui dirent qu'on trouvoit sur les bords de la Léna des corps de Monmouth encore fraix et pour ainsi dire sanglants, Gmelin ne les crût point, mais Pallas qui voyagea 30 ans après trouva un Rhinoceros couvert de sa peau, de ses muscles, et d'une partie de ses chairs, le tout avoit été conservé par la gelée sous des dépots marins. Mais si la Sibérie avoit jamais été la patrie des Rhinoceros, leurs corps auroient pourri et n'auroient pas gélé.

10. Monsieur Pallas supposa donc qu'une épouvantable marée venue de la mer d'Asie, avoit couvert les deux Indes, et poussant les flots à travers les vallées de l'Imaus, avoit porté les corps des Eléphants et des Rhinocéros jusques aux zones glacées.

11. S'il est vrai que l'on ait alors vu une étoile varier dans sa couleur, sa grandeur et son mouvement, cette étoile étoit apparemment une Comète, qui a pu agir, sur la mer des Indes de maniere à produire cette épouvantable marée; puisque les hommes ont vu des marées produites par les causes ordinaires, couvrir l'isle de Formose, la Chersonese Cymbrique, etc. Le grand Cometo-graphe Whiston dit que la Comète de 1742, auroit infailliblement causé un Déluge si la terre se fut trouvée alors dans cette partie de son orbite, dont la Comète s'étoit le plus rapproché. Parce qu'alors, elle en n'auroit été à la même distance que la Lune. Or la Comète paroissant plus grande que la Lune, il s'en suit que l'attraction auroit été plus forte.

12. Bérose représente l'inondation de Babylone comme venant du midi, et laissant à Xisuthrus le tems de s'embarquer et de gagner les montagnes de l'Arménie.

13. Nicolas de Damas dit que beaucoup d'hommes se refugierent alors en Arménie, ce qui a été confirmé par Mnaséas et par Jerome l'Egyptien, ancien auteur des Antiquités Phéniciennes, aussi bien que par Maribas de Catina, et son commentateur Moyse de Khorene.

14. La grande marée australe a peut-être formé alors le Golphe Persique et la mer Rouge, de la même maniere que s'est formé le Zuyder-zée.

15. Les Chinois ont une prodigieuse inondation, à l'année 2297 avant J. C. cependant chez eux la mer ne couvrit point tout le pays, mais ce furent les fleuves arrêtés par le gonflement de la mer qui sortirent de leurs lits et changérent la face de la Chine. Ce qui peut faire supposer que les mers de la Chine ont été la limite de la grande marée qui peut-être même n'a agi qu'obliquement sur les côtes de la Chine.

16. Tous les Juifs à commencer par les 70, comptent les quatre cents ans d'exil, de la naissance d'Isaac. En suivant cette supputation j'ai la naissance d'Abraham 910 ans avant J C. Au-dessus d'Abraham j'ai dix générations qui font à peuprés 320 ans, ce qui revient à l'année 2230, avant J. C. et differe peu du Déluge Chinois.

17. Varron le pere de toute bonne Chronologie, met le grand Déluge environs 1600 ans avant la premiere Olympiade, ce qui reviendroit à l'année 2370 avant J. C. mais Varron dit *circiter*: L'époque Chinoise placée entre la Juive et la Grecque mérite la préférence et de plus elle est la moins vague des trois.

18. L'alluvion australe a porté en Europe les plantes et les poissons de l'Afrique, que nous trouvons empreints dans les Schistes du Vicentin et de l'Auvergne. La même alluvion

a porté en Europe des Eléphants dont nous trouvons les squeletes et en Sibérie nous trouvons des corps entiers parce qu'ils ont gelé avant de se putréfier. Je parle toujours d'après Mr. Pallas, c'est à Messieurs Lamarc et Lameterie, à nous refuter par des conjectures plus heureuses.

19. Les deux cents ans que la Grece resta inhabitée après le Déluge répondent avec assez de justesse, aux six générations de Sem, Arphaxad, Cainan, Salé, Heber, et Phaleg. Or c'est sous Phaleg que la Génese place les grandes migrations des peuples.

20. Ce ne sont point les Juifs seuls qui ont eu des Patriarches dont la vie a duré des six cents et des mille années. Tous les peuples ont prétendu en avoir, Flavien Joseph pour le prouver cite Manéthon, Bérose, Mochus, Estiée, Jerome l'Egyptien, Hésiode, Hécathée de Milet, Hellanicus, Acusilaus, Ephore et Nicolas de Damas.

21. Mais ces années ressembloient-elles aux nôtres? Non sans doute.

Les Egyptiens ont eu des années d'un mois; Voyez Diod. Sicul l. 1. — Varro apud Lactance institut. 2. 12 — Pline l. 7, 49. — Stobée physique.

Les Egyptiens ont eu des années de deux mois; Voyez Plutarque in Numa, — Censorinus de die Natali — Diod. ubi supra.

Les Egyptiens ont eu des années de trois mois établies par Horus et que l'on appelloit des heures, et c'est Manethon qui le dit. Des années de quatre mois etc.

Aujourd'hui encore les Cafres, ne comptent que par lunes, et les marquent en faisant des entailles sur un baton, et s'il arrive quelqu'événement dont ils veulent faire une ere nouvelle, il brulent leurs anciennes archives, voyez le voyage de Barrow.

Beaucoup d'anciens ont crû qu'il falloit expliquer la longévité des Patriarches en divisant le nombre de leurs années par 12. 6. 4. 3. etc. Ils sont blamés par St. Augustin; mais Eusebe meilleur Chronologiste que lui et aussi bon Chrétien dit: *Les premicres années des Egyptiens étoient des révolutions lunaires de trente jours, ensuite les demi dieux ont eu des années de trois mois qu'ils appelloient Horae.*

Or si nous récusons l'autorité de St. Augustin en matiere de Chronologie, et que nous comptions 3 générations de patriarches par siècle, comme pour tous les autres hommes l'étude des tems, bien loin de nous présenter des difficultés offrira partout l'accord le plus parfait. Et si l'on ne veut pas admettre cette solution, que l'on anéantisse donc les témoignages de Diodore de Sicile, Manethon, Varron, Pline, Plutarque, Lactance, Censorinus, Stobéc, enfin que l'on réponde à Mr. Bailly qui a traité cette matiere, de maniere à ne rien laisser à desirer.

CONCLUSION GÉNÉRALE.

Vingt deux siecles avant nôtre ére la ville de Babylone étoit comme le point de contact de trois grands peuples.

1. Le prémier qui occupoit Babylore elle même, répond à ce que j'ai appellé classe orientale. Il habitoit les pays appellés dépuis Syrie et Arabie. Byblos et Jafa étoient des villes antédiluviennes.

2. Le second peuple appellé Chuchite, habitoit le Khusistan ou Susianne le long du Golphe Persique jusques à l'Inde. Cette classe n'a plus d'homogenes en Asie mais elle en a en Egypte dans la Nubie et l'Atlas. Les Persans de la Susianne étoient originairement de cette classe, et différoient entiérement de ceux de l'Iran qui sont les Medes. Les peuples de cette classe, étoient infiniment superieurs à tous les peuples de

leur tems et par les lumieres et par le courage. Observez que les Chuschites sont les Ethyopiens des Septanie, et les Atlantes Aïthériens de Pline.

3. Le troisieme peuple s'étendoit à l'est de l'Eufrate, de Babylone jusques vers la mer Caspienne. La Bactriane apparténoit à cette classe de peuples. Zariaspa, aujourd'hui Balkh étoit la capitale de la Bactriane, et l'on y cultivoit l'Astronomie comme à Babylone. Les éléments de la langue Samscrete encore vivante à Cachemire, prouvent que les anciens Indiens appartenoient à la même classe. Mr. Bailly a prouvé que l'Astronomie des Indiens leur venoit du nord. Elle pouvoit leur venir de Zariaspa qui est assez au nord, pour que l'on ne soit pas obligé de recourir à l'hypothese de je ne sais quels Atlantes septentrionaux dont aucun ancien n'a jamais fait mention. Observez que c'est là cette grande race de peuple que la Génese appelle enfants de Japhet, et ce nom de Japhet a été connu d'Hésiode et avoit même passé en proverbe. On disoit *plus ancien que Japhet, Race audacieuse de Japhet*; Horace ne l'avoit pas pris dans la Bible.

4. Enfin un quatrieme peuple commençoit à l'Oxus et s'étendoit vers le nord et le nord-est. Ce peuple répond exactement à ma classe Turque. C'étoit là l'Empire du Touran dont les guerres avec l'Iran ou Médie remplissent les anciennes traditions Persannes.

5. Il y avoit encore sans doute d'autres peuples sur la terre, des Serres dans le Thibet, des Sines à la Chine, des Thobel dans le Caucase, des Thogarmes dans l'Asie mineure, des Pelasges en Grece, des Sicaniens en Italie, des Turdules en Espagne, des Atlantes dans l'Atlas, l'Ethyopie et la haute Egypte. Observez que tous ces pays sont montagneux et que pour ces tems reculés on ne connoit point d'habitants aux plai-

nes: peut - être avoient - elles été lavées par la grande alluvion australe.

6. J'ai dit que les Khuschites étoient le plus illustre des
peuples de ce tems - là , nous commencerons donc par leur histoire. Les Khuschites habitants du Khousistan , ou Chousti
Nimrouzia de Moyse de Khorene , sont le même peuple sur
qui a regné la prémiere Dynastie Persanne des Pischdadiens ou
Justiciers , que Sanchoniaton appelle la race de Sydyk ou du
Juste. Mr. Anquetil l'avoit très bien observé dans un de ses
anciens Mémoires : depuis lors il a mis en avant une autre hypothese , mais s'il est vrai , que l'Empire d'Assyrie ait existé , il
faut nécessairement qu'il ait mis un intervalle de bien des siecles entre la Dynastie des Pischdadiens et celle des Caiani-
des , et pendant cet intervalle la Perse étant une province
d'Assyrie n'a point d'histoire particuliere.

7. Huscheng fonde la Dynastie du Khusistan , il bâtit
Suse, on voit bien qu'il est le même que le Chus de la
Génèse, il est surnommé Pischdad ou le Justicier. Il a deux
fils, (ou deux petits fils) Thamuras qui continue la Dynastie
et Dgiam - Schid qui se met à la tête d'une armée et s'empare
de Babylone. Voyons qui fut ce Dgiam - Schid ou Dgiam
l'étincellant.

8. Les historiens Grecs du tems où les Annales Chaldéennes furent connues donnent pour second Roi de Babylone
Cham - Asbolos ou Cham l'étincellant dans lequel on ne sauroit méconnoître le Dgiam étincellant des Persans. Les Hébreux
l'ont appellé Nimbrod ou le Rebelle, les Chaldéens Bel ou le
Seigneur, mais ils le placent dans le même tems dans le même
pays , ils lui attribuent les mêmes choses, donc c'étoit le même
homme.

9. Maintenant rappellons nous le proverbe cité par la Génese *comme Nimbrod chasseur devant la face de Jehovah.* En Hébreu un chasseur se dit Tzit et au pluriel Tzitim, mais en Persan on diroit Tzitan. Sanchoniaton dit que les Titans étoient des chasseurs. C'est - à - dire des coureurs de pays, Maribas de Katina dit que les Médes faisoient des courses à la maniere des Khuschites, Nimbrod étoit un Kuschite. Tout cela me paroit être d'une grande évidence.

10. Tandis que les Khuschites désoloient l'Asie Thamuras régnoit dans le Khusistan. Il eut pour successeur Manaugeher et ensuite Nodar. Les Scythes du Touran firent leur premiere invasion en Asie, et l'Asie ne pouvant soutenir à la fois deux sortes d'hotes aussi incommodes que les Khuschites et les Tartares. Une grande partie de la race Japhétique fut forcée d'émigrer vers l'occident. Ces peuples trouvérent des contrées désertes et d'autres habitées par des nations foibles qu'ils s'assimilerent par la conquete, et de là vient que toutes les langues de l'Europe ont de la ressemblance entre elles et avec les langues Japhétiques de l'Asie qui sont le Persan moderne et le Samscret.

11. Maintenant venons en au fameux passage de Trogue Pompée. Il dit que les Scythes ont dominé en Asie pendant 1500 ans et que Ninus en avoit délivré l'Asie. Mais nous avons vu que dans les tems reculés on a donné le nom d'année à des révolutions lunaires, il s'agit ici de tems bien reculés. 1500 révolutions lunaires font environs 125 ans. Ninus a régné plus de vingt siecles avant nôtre ere, et si nous y ajoutons 125 ans, nous arrivons précisement à la premiere guerre du Touran contre l'Iran, c'est-à-dire des Scythes contre les Médes, et si l'on veut nier que les années de ce tems là eussent été des révolutions lunaires. Il faudra donc être en contradiction avec tous les anciens.

12. De plus, observez que nous avons mis l'Alluvion australe 2297 ans avant J. C. Il y a quatre patriarches entre Seth et la naissance de Phaleg, et Phaleg fut ainsi nommé parce que la séparation des peuples se fit de son tems, quatre générations font 120 ans, ce qui revient à l'époque susdite.

13. Les Japhétiens ne furent pas les seuls qui se diviserent. Chanaan que Sanchoniaton appelle le prophete Chna, Cuschite de nation envahit des contrées appartenantes à la race de Sem.

Une partie de ces peuples doit avoir reflué de l'Egypte, et de ce nombre ont aussi été les Raphaïm, dont la capitale étoit Astarot Carnaïm, et les Emim, Omim et Zumzumim, qui habitoient la vallée de Sodome. Le nom de Raphaïm vient du Copte, et répond à celui de Saturniens, les autres sont aussi des noms de Titans.

Enfin les Kabires ou Guibor de la Génese issus de Sydyk selon Sanchoniaton, s'embarquerent sur le Golphe Persique sous la conduite d'un certain Erythras ou Edom qui mourut en chemin, mais eux mêmes arriverent au fond de la mer Rouge où il firent des établissements, et furent connus sous les noms de Phatrousim, Khaslouim et ensuite de Kaptourim et Philistim. Voyez le commencement de l'histoire d'Hérodote — Strabon sur les isles du Golphe Persique. Trois passages de Pline et Philostrate, Chap. 5c. vie d'Apollonius.

Dans le siecle suivant les Kabires eurent des ports sur la Mediterarée et commencerent à y naviguer. Tandis que la haute Asie étoit désolée par les Syriens, les Medes, mais surtout par les Scythes du Touran Ninus mit fin à toutes ces dévastations, il régnoit encore l'an 2000 avant J. C.

Sémiramis est dévenue presque un personnage mythologique entre les mains des Grecs, qui lui ont attribué les faits et gestes de toutes les Reines de Babylone, il vaut mieux étudier son histoire dans l'auteur Arménien. Il fait la déscription d'un monument qui existoit du tems de Strabon et éxiste peut-être encore. Il cite un proverbe Arménien qui pour exprimer la vanité des choses de ce monde disoit: „les bracelets de Semiramis sont dans la mer."

Ninias ou Zameïs succede à Semiramis et Arius fils de Ninias nous présente le plus beau des Synchronismes, puisque enfin il est bien évidemment le même que Arioch Melec el Assar, qui fit la guerre aux Rois de Sodome du tems d'Abraham, et cet accord de Chronologie sacrée et prophane doit inspirer la plus gra le confiance. En effet nous voyons dans tous les anciens q Ninias, vecut dans une obscure apathie, et nous voyons dans la Génese beaucoup de petits royaumes, qui sans doute devoient leur existence à la foiblesse de. Rois d'Assyrie. Nous voyons un Roi de Sennar, un Roi d'Elam ou Irak Arabi. Tous ces pays appartenoient à la race de Sem, et il paroit que l'homogenéïté de race produisoit une liaison entr'eux. Car nous les voyons ligués contre les Rois de la vallée de Sodome qui étoient Cuschites. Parmis les prisonniers qu'il firent se trouva Loth qui habitoit dans un faubourg de Sodome. Abraham rassembla ses gens, tomba la nuit sur le bagage des Rois et délivra Loth; toute cette expédition est si bien dans le gout Arabe que l'on peut bien y ajouter foi, et le reste de l'histoire d'Abraham a le même air de verité. L'éruption de la vallée de Sodome est confirmée par Strabon, Pline, et par l'aspect du pays. Ces éruptions étoient de l'espéce que nous voyons dans l'isle de Taman. Les moeurs de Sodome étoient aussi tout-à-fait dans le gout Kuschite, les enfants de Minos se sont fait la guerre pour la posses ion du jeune Miletus; en un mot si nous en exceptons le grand âge d'Abraham, son histoire ne renferme rien qui ne soit très vraisemblable, encore cet âge n'est il pas plus extraordinaire que celui de l'Anglois Paar. Enfin des traditions peuvent être justes en un point, et s'éloigner de la vérité dans d'autres et surtout dans la Chronologie où les Textes sacrés, et les Evangiles mêmes diffèrent entr'eux. Observez encore que l'âge d'Abraham n'est point employé dans la Chronologie.

Inachus qui étoit un Prince des Kaptourim de la basse Egypte, fonda un Royaume dans le Peloponese et y porta des moeurs nouvelles, et entre autre l'idée que les dieux pouvoient faire des enfants aux femmes. Cette idée est bien exprimée dans Sanchoniaton mais encore plus clairement dans la Génese où l'on trouve : *et les fils d'Elohim virent les filles des hommes qu'elles étoient belles et ils prirent toutes celles qu'ils choisirent . . . . Elles engendrerent des hommes puissants dans le siecle, des Kabirrs, des hommes de nom.* D'ailleurs les fils prenoient le nom de leurs meres et cette coutume ne fut abolie que sous Cecrops.

Une autre opinion qu'Inachus apporta d'Asie étoit qu'un homme pouvoit être mis au nombre des Dieux ou assimilé à quelque Dieu, comme Belus l'avoit été au soleil.

Lorsque les Kabires eurent quitté l'Idumée elle rentra au pouvoir de la race de Sem, et alors il s'y établit un Gouvernement que nous voyons déjà en Chaldée dans les tems Antidiluviens. C'est-à-dire que les Rois étoient tantôt d'une ville et tantôt d'une autre. Ce Gouvernement subsiste encore chez les Arabes, et roule entre les Schek des villages. Ce Royaume d'Idumée est peut-être ce que nous connoissons le mieux dans toute l'antiquité par la foule des notions contènues dant le livre de Job.

Je termine ici mon esquisse historique des cinq premiers siecles post-diluviens. Qu'y a-t-on vu? Des Tartares devastant l'Asie, des peuples qui émigroient, des avanturiers chercheant fortune sur mer, des empires renversés. divisés, des réligions qui se transforment en d'autres; en un mot tout ce que l'on a vu depuis. Mais nous vivons dans un siècle où des hommes d'ailleurs savants se sont plu à considerer l'histoire ancienne, comme une énigme ingénieuse que chacun pouvoit expliquer à sa fantaisie, en sorte que si quelqu'un se donnoit la peine de faire un tout de leurs différents Systemes il en pourroit conclure avec juste raison, qu'il n'y a point eu d'hommes avant les Olympiades, mais seulement des Etymologies, des Allégories, et des constellations. Cependant ces hommes qui cultivoient l'Astronomie, connoissoient sans doute l'usage de l'écriture, et non seulement ils ne manquoient pas de moyens de faire passer leur nom à la postérité, mais ils avoient la passion de vivre dans le souvenir des hommes. C'est pour cela qu'ils élevoient des Pyramides, qu'ils ambitionnoient l'Apothéose etc. Aussi leurs soins n'ont ils point été perdus. leur mémoire subsiste encore disséminée pour ainsi dire dans les écrits des anciens, et la Synthese de ces notions éparses ne sera point difficile à faire dès que l'ésprit humain lassé de conjectures et de subtilités, reviendra aux sages et simples opinions des Varron, Eusebe, Bochart, Usserius etc.

De plus il faut observer que les écarts de l'imagination n'ont point été entiérement perdus pour la verité. Court de Gebelin en cherchant la langue primitive a fixé l'attention sur la ressemblance que certaines langues ont entr'elles. Bailly en cherchant ses Atlantes septentrionaux a prouvé l'ancienneté de l'Astronomie. Enfin les fraix de l'erreur semblent faits, et il ne faut peut-être plus qu'un seul homme, un seul ouvrage pour nous conduire jusques aux bornes les plus reculées de l'histoire, et cela par des auteurs de nations différentes , et avec un dégré de certitude, peut - être plus grand que celui que nous accordons à l'expédition de Xerxes, événement bien plus recent, mais qui ne repose que sur la foi des Grecs.

Ce n'est pas avec un esprit fatigué par vingt ans de recherches sur un même objet, que l'on peut songer à de nouveaux efforts d'attention et de mémoire, mais qu'un écrivain entreprenne cette oeuvre dans toute la vigueur de sa raison, et j'ose lui promettre le succès le plus complet.

F I N.